São Francisco de Assis

Jacques Le Goff

São Francisco de Assis

Tradução de
MARCOS DE CASTRO

20ª edição

EDITORA RECORD
RIO DE JANEIRO • SÃO PAULO
2025

CIP-BRASIL. CATALOGAÇÃO NA FONTE
SINDICATO NACIONAL DOS EDITORES DE LIVROS, RJ.

L466s
20ª ed.
Le Goff, Jacques, 1924-
São Francisco de Assis / Jacques Le Goff; tradução de Marcos de Castro. – 20ª ed. – Rio de Janeiro: Record, 2025.

Tradução de: Saint François d'Assise
ISBN 978-85-01-05883-6

1. Francisco, de Assis, Santo, 1182-1226 – Biografia.
2. Santos cristãos – Biografia. I. Título.

17-0350

CDD – 922.22
CDU – 922:235.3

Título original francês
SAINT FRANÇOIS D'ASSISE

Copyright © 1999 by Éditions Gallimard

Todos os direitos reservados. Proibida a reprodução, armazenamento ou transmissão de partes deste livro, através de quaisquer meios, sem prévia autorização por escrito.

Texto revisado segundo o Acordo Ortográfico da Língua Portuguesa de 1990.

Direitos exclusivos de publicação em língua portuguesa para o Brasil adquiridos pela
EDITORA RECORD LTDA.
Rua Argentina, 171 – Rio de Janeiro, RJ – 20921-380 – Tel.: (21) 2585-2000, que se reserva a propriedade literária desta tradução.

Impresso no Brasil

ISBN 978-85-01-05883-6

Seja um leitor preferencial Record
Cadastre-se eno site www.record.com.br e receba informações sobre nossos lançamentos e nossas promoções.

Atendimento e venda direta ao leitor
sac@record.com.br

EDITORA AFILIADA

SUMÁRIO

Prefácio 9

Cronologia 15

I. FRANCISCO DE ASSIS ENTRE A RENOVAÇÃO E OS FARDOS DO MUNDO FEUDAL 21

II. À PROCURA DO VERDADEIRO SÃO FRANCISCO 41

Em busca do verdadeiro São Francisco, [43]. — Francisco de Assis em seus escritos, [45]. — O problema das biografias, [49]. — Vida de São Francisco, [58]. — A conversão, [62]. — Da primeira à segunda Regra, [69]. — Francisco e Inocêncio III, [71]. — Santa Clara, [77]. — Milagres e peregrinações, [78]. — O quarto concílio de Latrão, [80]. — A *Regula bullata*, [86]. — Para a morte, [87]. — As obras e a obra, [92]. — São Francisco medieval ou moderno? [101].

III. O VOCABULÁRIO DAS CATEGORIAS SOCIAIS EM SÃO FRANCISCO DE ASSIS E SEUS BIÓGRAFOS DO SÉCULO XIII   119

Definição e alcance da pesquisa, [124] — Os elementos do vocabulário das categorias sociais, [136]. — Ensaio de interpretação, [163].

IV. FRANCISCANISMO E MODELOS CULTURAIS DO SÉCULO XIII   183

Modelos ligados ao espaço e ao tempo, [188]. — Modelos ligados à evolução da economia, [198]. — Modelos ligados à estrutura da sociedade global ou civil, [205]. — Modelos ligados à estrutura da sociedade religiosa, [213]. — Modelos ligados à cultura no sentido próprio, [216]. — Modelos de comportamento e de sensibilidade, [224]. — Modelos ético-religiosos propriamente ditos, [231]. — Modelos tradicionais do sagrado, [237]. — Conclusão, [240].

Bibliografia   245

Suplemento bibliográfico   249

SÃO FRANCISCO DE ASSIS

PREFÁCIO

Há meio século, quando comecei a me interessar pela Idade Média, sou duplamente interessado pela personagem de São Francisco de Assis. Primeiro pela personagem histórica que — no coração da virada decisiva do século XII para o XIII em que nasceu uma Idade Média moderna e dinâmica — sacudiu a religião, a civilização e a sociedade. Meio religioso, meio leigo, nas cidades em pleno desenvolvimento, nas estradas e no retiro solitário, no florescimento da civilização urbana combinado com uma nova prática da pobreza, da humildade e da palavra, à margem da Igreja mas sem cair na heresia, revoltado sem niilismo, ativo naquele ponto mais fervilhante da cristandade, a Itália central, entre Roma e a solidão de Alverne, Francisco desempenhou um papel decisivo no impulso das novas ordens mendicantes difundindo um apostolado voltado para a nova sociedade cristã, e enriqueceu a espiritualidade com uma dimensão ecológica que fez dele o criador de um sentimento medieval da natureza expresso na religião, na literatura e na arte. Modelo de um novo tipo de santidade centrado sobre o Cristo a ponto de se identificar com ele como o primeiro homem a receber os estigmas, Francisco foi uma das personagens mais impressionantes de seu tempo e, até hoje, da história medieval.

Mas o homem também me fascinou, renascido em seus escritos, nas narrativas de seus biógrafos, nas imagens. Aliando simplicidade e prestígio, humildade e ascendência, físico comum e brilho excepcional, apresenta-se com uma autenticidade acolhedora que permite imaginar uma abordagem simultaneamente familiar e distante. Na atração que exerce sobre todo historiador — e não escapei dela — a tentação de contar a vida de um homem (ou de uma mulher) do passado, de escrever uma biografia que se esforça para chegar à verdade, Francisco foi desde muito cedo o homem que, mais que qualquer outro, inspirou-me o desejo de fazer dele um objeto de história total (longe da biografia tradicional anedótica e superficial), histórica e humanamente exemplar em relação ao passado e ao presente. O que fez com que me demorasse a escrever essa vida foi que, de um lado, eu estava absorvido por uma reflexão e trabalhos de historiador de um caráter mais geral e, de outro, existiam excelentes biografias de Francisco, obras principalmente de historiadores italianos e franceses.

Como eu continuava a imaginar e a construir *meu* São Francisco, contentei-me com abordagens rápidas e indiretas, surgidas, aliás, em publicações em italiano e em francês de parca difusão.

Não me satisfazendo, hoje, o fato de ter investido o essencial de meu cometimento biográfico em um *São Luís* muito diferente por seu herói e por minha tentativa monumental, e uma vez mais solicitado pela amizade de Pierre Nora, resolvi-me pela publicação do conjunto de textos que consagrei a São Francisco.

Esta publicação se insere numa atividade de historiador desejoso de refletir, renovando-a, sobre a história de São Francisco e a imagem que ele nos transmite no limiar do terceiro milênio, ancoradas em um tecido histórico autêntico e longe das elucubrações pseudomilenaristas nas quais São Francisco não tem seu lugar. Entre essas novas abordagens se distinguem as obras de Jacques Dalarun e de Chiara Frugoni (ver a Bibliografia), com as quais se manifestou minha comum sensibilidade franciscana, apesar dos questionamentos diferentes. Prefaciei o São Francisco de Chiara Frugoni que acaba de ser publicado em tradução francesa e que insiste sobre o homem e a documentação iconográfica. Jacques Dalarun escreveu uma longa apresentação e explicação (útil para a leitura desta coletânea) para a nova edição de meu principal texto sobre São Francisco, sempre em italiano, pelos frades das Edizioni Biblioteca Francescana (Milão, 1998).

Por fim, atendendo ao amável convite de Prune Berge, acabo de gravar um disco sobre São Francisco de Assis na nova coleção da Gallimard, "À voix haute".

Quatro textos estão reunidos aqui. O primeiro, aparecido em inglês e em italiano no número especial da revista internacional de teologia *Concilium*, em 1981, consagrado a Francisco de Assis no contexto histórico, esforça-se para definir resumidamente seu lugar "entre as renovações e os fardos do mundo feudal" na virada do século XII para o XIII em que se enfrentam a renovação da sociedade, de que São Francisco foi um dos principais atores, e tradições às quais ele não escapa — homem e santo sempre dilacerado.

O segundo, o principal, é uma apresentação geral de São Francisco sob forma cronológica, portanto biográfica, mas que repõe São Francisco em seu contexto geográfico, social, cultural, histórico. Expõe de modo tão claro e simples quanto possível os problemas de seus escritos e de suas biografias, intimamente ligados à sua imagem e à interpretação de sua personagem, e evoca os principais temas de suas concepções e de sua atividade. Esse texto só apareceu em italiano, na série de retratos popula-

JACQUES LE GOFF

rizados de grandes personagens da história, *I protagonisti*, em 1967, e recentemente republicado, como disse acima. É uma tentativa para aproximar e apresentar o *verdadeiro* São Francisco ou ainda, uma vez que meu esforço de autenticidade objetiva não se livra de uma interpretação pessoal, *meu* São Francisco.

Os dois outros textos mostram um São Francisco vivo e enfocam sua influência no meio franciscano do século XIII, quando os conflitos internos da Ordem, prolongando as diferenças de interpretação da pessoa e das intenções do fundador, chegam a atingir as contradições e as lutas da Idade Média central. Francisco e a ordem franciscana têm uma história dramática que agita sua época. Espero ter mostrado esse drama.

Um dos textos, apresentado em um colóquio em Saint-Cloud em 1967 e publicado nas atas semiconfidenciais do colóquio em 1973, é um estudo de vocabulário ("O vocabulário das categorias sociais em São Francisco de Assis e seus biógrafos do século XIII"). Situar, fazer compreender, elucidar as palavras dos homens do passado é uma das tarefas primordiais do historiador. Ora, Francisco, que pretendeu agir sobre a sociedade de seu tempo, exprime-se oralmente ou por escrito e sua utilização de palavras, de ideias e de sentimentos é valorizada nesse texto que lança luz sobre os instrumentos de que ele se serviu para tocar aquela sociedade e transformá-la. É um vocabulário de ação.

Por fim, examinei a influência do franciscanismo primitivo sobre os modelos culturais do século XIII (conferência em Assis em 1980, publicada no volume dos *Studi francescani* de Assis em 1981). Trata-se de um esboço de todo o universo cultural dessa época e de situar a presença de Francisco e de seus discípulos nesse universo. À semelhança da personagem e de sua Ordem preocupada em apreender globalmente a sociedade e a cultura e de agir sobre todo esse terreno, tentei uma abordagem global em uma perspectiva social dessa história.

E, sem incorrer, espero, em anacronismo, pretendi que ressoasse nestas páginas o eco, nos dias de hoje, da voz e da ação de Francisco e de seus irmãos em nossas interrogações no limiar do terceiro milênio.

CRONOLOGIA

1181 ou 1182. Nascimento em Assis de Francesco (Giovanni) Bernardone.

1180-1223. Reinado na França de Filipe Augusto.

1182. *Parsifal* ou *O Conto do Graal*, de Chrétien de Troyes.

1183. Tratado de Constança, entre Frederico Barba-Roxa e as cidades da Liga Lombarda.

1184. Pedro Valdo, fundador dos valdenses, é condenado pelo papado como herege.

1187. Saladino reconquista Jerusalém vencendo os cristãos.

1189-1191. Terceira cruzada.

1196. Começa a reconstrução em estilo gótico de Notre-Dame de Paris.

1198-1216. Pontificado de Inocêncio III.

1200. A burguesia e a população de Assis se revoltam contra os nobres: tomada de Rocca e início da luta contra Perúsia.

1202. Batalha de Ponte San Giovanni. Francisco é preso em Perúsia.

Morte de Joaquim de Fiore (Gioacchino da Fiore).

Leonardo Fibonacci, de Pisa, compõe o *Livro do ábaco* (*Liber abaci*).

1203-1204. Os cruzados da quarta Cruzada se apoderam de Constantinopla.

1204. Doença de Francisco.
Unificação da Mongólia por Gengis Khan.

1205. Partida de Francisco para a Apúlia. Visita Spoleto e volta a Assis.

1206. Conversão de Francisco: invocação ao crucifixo de San Damiano,* encontro com o leproso, renúncia aos bens paternos.
No Concílio de Montpellier, São Domingos decide combater a heresia cátara pelo exemplo e pela pregação.

1208-1229. Cruzada contra os albigenses.

1209. Invocação do Evangelho em Porciúncula. Bernardo de Quintavalle e Pietro Cattani tornam-se os primeiros companheiros de Francisco.

1210. Francisco vai a Roma com seus doze primeiros discípulos e obtém do papa Inocêncio III a aprovação verbal para a primeira Regra dos Frades Menores (perdida).
Proibição aos professores parisienses de ensinar a metafísica de Aristóteles, condenação como hereges dos professores universitários panteístas, os Amauricianos.

1211. Na dieta de Nuremberg, Frederico II, rei da Sicília, é proclamado imperador [do Sacro Império Romano-Germânico].

1212. Cruzada das Crianças.
Vitória em Las Navas de Tolosa dos cristãos espanhóis sobre os muçulmanos.

---

*Embora em francês se traduzam todos os nomes de santos, como em português, quando o Autor se refere a nomes de igrejas, como neste caso, mantém o original italiano. Manter a língua original em relação aos nomes das igrejas também é um hábito em português, por isso usamos o mesmo esquema na tradução. (*N. do T.*)

SÃO FRANCISCO DE ASSIS

Santa Clara toma o hábito em Porciúncula.

O navio de Francisco, dirigindo-se à Terra Santa, é desviado de sua rota pela tempestade na costa dálmata.

1213-1217. Jaime I, o Conquistador, torna-se rei de Aragão.

O conde Orlando de Chiusi doa Alverne a Francisco.

1214. Partida de Francisco para o Marrocos. Tendo ficado doente na Espanha, ele volta à Itália.

Batalha de Bouvines.

1215. Quarto concílio de Latrão, ao qual Francisco teria assistido.

Provável pregação aos pássaros, em Bevagna.

Concessão pela monarquia inglesa da Magna Carta (*Magna Charta*).

1216. Morte de Inocêncio III em Perúsia. O novo papa, Honório III, teria acertado com Francisco a indulgência de Porciúncula.

1217. Capítulo de Porciúncula: são enviados missionários para além das fronteiras da Itália. Em Florença, o cardeal Ugolino convence Francisco, que ia para a Fança, a ficar na Itália.

1219-1220. Francisco no Oriente (Egito, São João d'Acre). Visita, provavelmente, os lugares santos.

1220. Francisco fica sabendo, em Acre, do martírio de muitos de seus irmãos no Marrocos, e dos conflitos que se manifestam na Ordem, na Itália. Entrega a Pietro Cattani a direção da Ordem, da qual o cardeal Ugolino é nomeado protetor pela cúria romana.

1221. Morre Pietro Cattani. Frei Elias se torna o novo ministro-geral da Ordem. Francisco redige uma nova regra, que não é aprovada nem pela Ordem nem pela cúria

JACQUES LE GOFF

pontifícia (*Regula non bullata*). Redação e aprovação da regra da Ordem Terceira.

1222, 15 de agosto. Francisco prega na grande praça de Bolonha.

1223. Francisco redige uma nova regra, aprovada pelo papa Honório III (*Regula bullata*).

25 de dezembro. Francisco celebra o Natal em Grécio.*

1224. Nas montanhas de Alverne, Francisco recebe os estigmas.

1225. Francisco, doente, passa dois meses junto de Santa Clara na Igreja de San Damiano, onde compõe o *Cântico do irmão Sol*. Os médicos do papa cuidam dele sem sucesso em Rieti. Transportado para Sena, redige seu *Testamento* (no fim de 1225 ou começo de 1226).

1226. Morte de Francisco em Porciúncula.

1228, 16 de julho. O cardeal Ugolino, agora papa Gregório IX, canoniza Francisco.

Primeira *Vita (Legenda)* de Francisco por Tomás de Celano.

1230, 25 de maio. O corpo de Francisco é depositado na suntuosa basílica de Assis, a cuja construção Frei Elias dá início.

28 de setembro. Na bula *Quo elongati*, Gregório IX interpreta a regra de Francisco com um sentido moderado e nega toda força de lei na Ordem dos Frades Menores ao *Testamento* de Francisco.

---

*Ver-se-á, no correr do texto, que os nomes de pequeninas localidades italianas foram mantidos no original, quase sempre. As exceções são os lugares muito citados em português em várias passagens mais populares da vida de São Francisco, quase sempre com adaptação para nossa língua. É o caso de Grécio (Greccio), por causa mesmo dessa famosa celebração de Natal, de Gúbio (Gubbio), por causa da popularíssima historinha do lobo mau que Francisco transforma em lobo bom, de Alverne, adaptação tradicional de séculos para o nome do santuário de La Verna, de Porciúncula e talvez alguns poucos outros. (*N. do T.*)

SÃO FRANCISCO DE ASSIS

1234. Canonização de São Domingos (morto em 1221).

1248. Segunda *Vita* por Tomás de Celano.

1251. *Tratado dos milagres* de São Francisco por Tomás de Celano.

1260. O capítulo geral dos Frades Menores reunido em Narbonne confia a São Boaventura, ministro-geral da Ordem, a redação de uma "boa" vida de São Francisco que substituirá todas as outras.

1263. A vida composta por São Boaventura é aprovada.

1266. A vida de autoria de São Boaventura é imposta como única Vida canônica, e é ordenada a destruição de todas as biografias anteriores.

I

Francisco de Assis
entre a renovação e os
fardos do mundo feudal

Francisco de Assis nasce no coração do período do grande desenvolvimento do Ocidente medieval e em uma região fortemente marcada por esse desenvolvimento.

Para o historiador de hoje, a primeira manifestação desse crescimento é de ordem demográfica e econômica. Desde cerca do ano 1000, desigualmente de acordo com as regiões, mas de maneira regular e às vezes explosiva — como na Itália do norte e do centro —, o número de habitantes aumenta, dobra, sem dúvida. É preciso alimentar material e espiritualmente esses homens.

O progresso, entretanto, é primeiro um progresso rural num mundo em que a terra é o fundamento de tudo. Progresso principalmente quantitativo, extensivo: um grande movimento de arroteamento de terras abre novos espaços cultivados,

---

Este texto, aparecido em 1981 em *Concilium — Revue internationale de théologie*, foi melhorado agora com correções e sugestões de Éric Vigne. [No Brasil, apareceu no número 9, do mesmo ano de 1981, da edição brasileira de *Concilium*, Vozes, Petrópolis, pp. 5-15, sob o título "Francisco de Assis entre as inovações e a morosidade do mundo feudal", trad. de Efraim F. Alves.]

clareiras nascem ou são aumentadas na cobertura florestal da Cristandade. A solidão tem de ser procurada mais adiante. Há também progressos qualitativos, mas que quase não atingem as regiões escarpadas do berço de Francisco: a charrua com rodas e com aiveca dissimétrica substitui nas planícies o arado de pouca eficiência, o novo sistema de atrelar permite substituir o boi pelo cavalo, mais produtivo, novas culturas são introduzidas na rotatividade tornada trienal, os progressos dos pastos artificiais permitem o desenvolvimento da criação. Tudo isso mal aflora na montanhosa Úmbria. Mas os moinhos se multiplicam lá como alhures, proporcionando um início de mecanização nos campos e nos vales. As populações aumentadas agrupam-se em aldeias, em aglomerações concentradas — frequentemente penduradas nos montes — em volta da igreja e do castelo. É o *incastellamento*.

A consequência espetacular do desenvolvimento demográfico e econômico é principalmente um poderoso movimento de urbanização. Mais decisivo do que a urbanização superficial do mundo greco-romano, parecendo mais com o que seriam as grandes ondas de explosão urbana do século XIX, e em seguida do século XX, criou uma rede de cidades que não serão mais, como na Antiguidade e na alta Idade Média, centros militares e administrativos, mas antes de tudo núcleos econômicos, políticos e culturais. Para evocar apenas uma das consequências religiosas desse fenômeno urbano (que desaparecerá na Itália no século XIII, enquanto se mantém na Inglaterra, ainda fracamente urbanizada): a personagem do santo bispo, ligado ao poder episcopal das cidades de tipo antigo. A santidade ligar-se-á mais à cidade, ao aceitá-la: santos burgueses, santos leigos, santos frades mendicantes, ou ao recusá-la: santos eremitas.

A cidade é um canteiro onde se desenvolve, pela divisão do trabalho, um artesanato numeroso e múltiplo, do qual nasce,

SÃO FRANCISCO DE ASSIS

nos três setores em vias de "industrialização", a construção, o de tecidos e o curtume, um pré-proletariado manobrável, sem defesa contra a subordinação do "justo salário" ao "justo preço" — que é apenas o preço de mercado determinado pela oferta e a procura — e contra a dominação dos "empregadores". É um lugar de trocas que atrai ou suscita feiras e mercados alimentados pela retomada de um comércio de longo e médio raio de ação, que dá um peso cada vez maior na sociedade urbana aos mercadores que dominam esse comércio. A cidade é o principal lugar das trocas econômicas que recorrem sempre mais a um meio de troca essencial: a moeda. Os mercadores, nessa Cristandade fragmentada em que as moedas são numerosas, criam logo entre eles um grupo de especialistas da moeda: os cambistas, que vão se tornar banqueiros, substituindo nessa função os mosteiros — que até então cumpriam o papel de estabelecimentos de crédito correspondentes às modestas necessidades da alta Idade Média —, e os judeus, a partir desse momento confinados ao recurso de emprestar para os pequenos gastos de consumo, quer dizer, à condição de "usurários", assumida também por um número crescente de mercadores cristãos. Mundo do dinheiro, a cidade se torna também o mundo do mercado de trabalho, no qual o número de trabalhadores que recebem salário incha sempre.

Centro econômico, a cidade é também um centro de poder. Ao lado e, às vezes, contra o poder tradicional do bispo e do senhor, frequentemente confundidos numa única pessoa, um grupo de homens novos, os cidadãos ou burgueses, conquista "liberdades", privilégios cada vez mais amplos. Sem contestar os fundamentos econômicos e políticos do sistema feudal, nele introduzem uma variante, criadora de liberdade (*Stadtluft macht frei*, dizem os alemães, "o ar da cidade torna livre") e de igualdade (o juramento cívico, o juramento comunal dão aos iguais os mesmos direitos), na qual a desigualdade que nasce do jogo econômico e social se funda não sobre o nascimento, o sangue, mas sobre a fortuna, imobiliária e mobiliária, a posse do solo e dos imóveis urbanos, dos foros e rendas, do dinheiro.

Como nos períodos mais próximos de nós, de grande urbanização, a cidade medieval é povoada de imigrantes mais ou menos recentes, que se renovam em um ritmo rápido. Os homens e as mulheres da cidade perderam suas raízes, são camponeses que imigraram.

Quando Francisco de Assis nasce — em 1181 ou 1182, provavelmente —, essa nova sociedade está a ponto de ultrapassar sua fase de crescimento anárquico, de ímpeto selvagem ao estágio de institucionalização, ainda que na Itália, no que diz respeito tanto às corporações de artesãos e de mercadores (*arti*) como à organização política (*comuni*), o movimento tenha começado mais cedo do que em outros lugares. Para citar apenas uma amostra simbólica em Perúsia, a grande rival de Assis na época de Francisco, o primeiro edifício conhecido da comuna, o Palácio dos Cônsules (depois Palácio do Podestade), é de 1205, quando Francisco tinha 23 anos.

Entretando, a sociedade camponesa não permanece imóvel. Ainda que o *inurbamento*, a imigração urbana, tenha atraído uma parte da população rural para as cidades, os que continuaram no campo conseguiram, também eles, isenções de seus senhores e, para os servos, liberdade. Mas a reação dos senhores diante das dificuldades financeiras e a ação crescente das cidades sobre o *contado*, território rural deles, fazem aumentar a exploração econômica sobre a maioria das categorias sociais camponesas.

Diante dessa sociedade nova, e nessa sociedade nova, que fazem a Igreja e o mundo eclesiástico? De certo modo, a Igreja

SÃO FRANCISCO DE ASSIS

foi a primeira a se transformar. O que se chama a reforma gregoriana — que ultrapassa amplamente, no tempo e em conteúdo, o pontificado de Gregório VII (1073-1085) — não é apenas a libertação do mundo eclesiástico das amarras que o submetiam ao regime feudal leigo. Indiscutivelmente, a independência da Santa Sé em face do poder imperial, os progressos da liberdade eleitoral dos bispos e dos abades em relação aos leigos poderosos são fenômenos significativos. Os esforços de eliminação de todas as pressões econômicas e sociais reunidas sob a etiqueta de simonia não são menos importantes. É essencial, sobretudo, a luta contra o que se chama nicolaísmo.* Não se trata apenas de um progresso moral e espiritual que o combate contra a incontinência dos clérigos representa. Proibindo o casamento e o concubinato à primeira das três ordens que definem desde o início do século XI o esquema tripartido dos *oratores, bellatores* e *laboratores* — "os que rezam", "os que combatem" e "os que trabalham" —, a Igreja separa fundamentalmente os clérigos dos leigos pela fronteira da sexualidade.

Mas a reforma gregoriana representa ao mesmo tempo a aspiração a uma volta às origens — *Ecclesia primitivae forma* — e à realização da verdadeira vida apostólica — *Vita vere apostolica*. É, diante da tomada de consciência quanto aos vícios da sociedade cristã — clérigos e leigos —, a retomada do processo de cristianização. É também, no amanhecer que se segue ao ano 1000, "uma nova primavera do mundo" (Georges Duby). Esse movimento se comunica ao conjunto da sociedade

---

*O autor emprega o termo no sentido mais simples, que é o sentido geral contemporâneo: a prática dos que, nos séculos X e XI, não admitiam o celibato eclesiástico (o termo se enraíza em hereges da Ásia Menor, sobretudo Éfeso e Pérgamo, no século I, cuja doutrina São João condena severamente no Apocalipse como licenciosa e que foram chamados nicolaítas pelos Padres da Igreja). (*N. do T.*)

por intermédio das instituições de paz. A reforma gregoriana é, numa palavra, a institucionalização desse movimento e sua assimilação pela sociedade cristã ao longo de todo o século XII.

Mas a reforma da Igreja é também uma resposta à evolução do mundo, um esforço de adaptação às mudanças que surgem fora dela.

A resposta é em primeiro lugar institucional. Reveste-se de três aspectos principais: a fundação de novas ordens religiosas, o surto do movimento canônico e a aceitação da diversidade eclesial.

As novas ordens pretendem marcar uma volta à regra original de São Bento cuja ênfase recaía sobre o trabalho manual, trabalho que reencontra seu lugar ao lado da *opus dei*, e sobre a simplicidade de vida; o que significa a rejeição das formas tradicionais da riqueza monástica como o estilo artístico e arquitetônico depurado contrastando com a exuberância da escultura, das miniaturas e da ourivesaria do barroco romano. Das duas ordens novas mais importantes, uma, a dos cartuxos, fundada por Bruno em 1084, tem o sentido de reencontrar um estilo de eremitismo primitivo, mais tarde, sob Guigues II, prior de 1173 a 1180, uma ascese de quatro "graus espirituais": a leitura, a meditação, a oração e a contemplação. A segunda Ordem, a de Cister, fundada por Robert de Molesme em 1098, sob a influência de São Bernardo, que seria abade de Claraval de 1115 a 1153, alia o sucesso econômico à reforma espiritual. O "deserto" cisterciense se situa em vales onde a ordem constrói moinhos e, recorrendo à mecanização a fim de liberar mais tempo para a vida espiritual, desempenha um papel no progresso tecnológico, particularmente no domínio da metalurgia. A ordem se adapta à nova economia rural, especialmente quanto às pastagens e à produção lanígera, e difunde um novo tipo de

SÃO FRANCISCO DE ASSIS

exploração: o celeiro, que abriga para os irmãos conversos* gado, colheitas, utensílios e instrumentos de trabalho.

Se o monaquismo reformado cria melhor equilíbrio entre o trabalho manual e a oração, o movimento canônico estabelece, por sua vez, um equilíbrio novo entre a vida ativa e a vida contemplativa, entre a *cura animarum* [cuidado das almas] e a vida comunitária. Se as regras estabelecidas em 1120 em Prémontré, perto de Laon, por Norberto de Xanten,** se inscrevem em um contexto rural — incentivam a prática da pobreza, o trabalho manual (as ordens foram grandes agricultoras) e a pregação —, a maior parte dos cônegos do século XII foi ligada ao meio urbano. A adoção da regra muito flexível e muito aberta a que se deu o nome de Santo Agostinho — concebida precisamente em meio urbano, ainda que se tratasse do meio urbano antigo, bem diferente daquele do século XII — permite aos cônegos agostinianos combinar a vida comum, a ascese individual e o apostolado paroquial.

O *Liber de diversis ordinibus et professionibus quae sunt in Ecclesia* ("Livro das diversas ordens e profissões que existem na Igreja"), escrito entre 1125 e 1130, provavelmente por um cônego de Liège — ficou inacabado ou chegou aos nossos dias um manuscrito incompleto —, mostra a diversidade das regras dos clérigos e dos religiosos, e deixa claro o pluralismo da instituição eclesial, à semelhança da mansão divina, onde há muitas moradas. Define essas regras segundo sua relação com o mundo, seu maior ou menor afastamento das aglomerações humanas: "Uns estão

---

*Religiosos que vivem em conventos ou mosteiros fazendo os serviços domésticos. Consagram a vida a Deus, mas não são sacerdotes, isto é, não recebem o sacramento da ordem. (*N. do T.*)

**Trata-se de São Norberto, fundador da ordem dos premonstratenses, a qual deve seu nome ao lugar de fundação, no norte da França, Prémontré (primitivamente havia um *s* no fim da segunda sílaba do nome do local: *Prémonstré*, o que explica a forma portuguesa). (*N. do T.*)

30   JACQUES LE GOFF

inteiramente desligados das massas [...], outros estão situados ao lado dos homens; outros moram no meio dos homens."

O mundo dos leigos participa cada vez mais da vida religiosa e, apesar da manutenção das barreiras entre clérigos e leigos, a presença destes últimos no domínio religioso se afirma. Nas ordens novas, os irmãos leigos ou conversos desempenham um papel cada vez mais importante. As ordens militares desenvolvem uma certa fusão entre o religioso e o guerreiro, entre a vida religiosa e a cavalaria. Fundam-se grupos pietistas, da Picardia a Flandres — begardos e beguinas* —, depois no contorno dos Alpes, encorajados por clérigos como o padre Lambert le Bègue, de Liège, morto em 1177, e o célebre pregador Jacques de Vitry que escreverá a vida da beguina enclausurada Marie d'Oignies antes de se tornar bispo de Acre, depois cardeal. Por volta de 1200, os grupos de *laici religiosi* [leigos religiosos] e *mulieres religiosae* [mulheres religiosas] se multiplicam. Por essa época, a Pataria** milanesa e seus desdobra-

---

*Os begardos, também chamados beguinos, eram os membros de uma seita que professava a absoluta renúncia ao mundo e a perfeição evangélica, mas incorreram numa série de erros grosseiros e se tornaram heréticos. Julgavam conseguir situar-se acima e além do pecado, ou seja, consideravam que atingiam a impecabilidade. Os erros dos begardos foram condenados pelo concílio de Viena, em 1311. As beguinas viviam em comunidades de oração, visitavam doentes e faziam trabalhos com rendas e roupas brancas. O único voto que pronunciavam era o de obediência, assim mesmo provisório. Algumas chegavam a sair para casar, mas havia também as que preferiam viver enclausuradas. Não constituíam, portanto, uma ordem religiosa, apesar da existência de enclausuradas. Tinham esse nome porque a instituição foi criada — em Nivelles, na província belga de Brabante — pelo padre Lambert de Bègue, citado logo a seguir e conhecido também como Lambert Begh. (N. do T.)
**Nome dado a um movimento interno da Igreja criado em Milão, em 1055 (segundo outros, em 1066), pelos padres Arialdo e Landolfo, com o objetivo de combater, até pela violência, a norma do celibato para o clero e, de um modo geral, as exigências da vida comunitária e da vida apostólica. Chegou a ser muito popular com sua hostilidade ao alto clero e de certa forma a ter até o apoio de Gregório VII, pois o arcebispo de Milão, contra o que a Pataria movia verdadeira guerra, era como um adversário do papa. Os patarinos se dispersaram em 1075, mas pelo menos seu espírito espalhado por outros movimentos (valdenses, cátaros), lutando pela reforma do clero, prolongou-se por todo o século XII, chegando a entrar pelos primeiros anos do século XIII, quando os albigenses se refugiaram junto deles. Por essa ocasião, os patarinos restantes confundiam-se com os chamados cátaros da Itália, continuando a ter Milão como seu centro principal. (N. do T.)

SÃO FRANCISCO DE ASSIS

mentos pelo século XII unem clérigos e leigos ávidos de reforma. Um concílio, realizado em Milão no inverno de 1117 atendendo a uma convocação do arcebispo e dos cônsules, reuniu em um campo às portas da cidade "uma enorme multidão de clérigos e leigos que esperavam o sepultamento dos vícios e o despertar das virtudes". Nos anos 1140, o cônego regular Arnaldo, de Brescia, que pouco antes tinha pregado aos habitantes de sua cidade natal contra a vida corrompida dos clérigos, levantou o laicato romano em um movimento de reforma a um tempo política e religiosa.

A esse mundo novo a Igreja se esforça para dar novas formulações doutrinais, novas práticas religiosas. A evolução mais importante se refere, sem dúvida, à doutrina do pecado e dos sacramentos.

Teólogos, embora muitas vezes divergentes, como os mestres da escola episcopal de Laon, Santo Anselmo e Guillaume de Champeaux, e o parisiense Abelardo, elaboram uma doutrina voluntarista do pecado, que vai buscar-lhe as fontes na consciência. O essencial a partir de agora está na intenção. Essa busca da intenção alimentou uma nova prática da confissão. A antiga confissão pública estava em decadência e, tanto quanto se possa saber, entre essa velha prática e as novas formas de confissão individual instalara-se um vazio. A tendência era preenchê-lo com formas penitenciais individuais ou coletivas. A impressão que se tem é que, no século XII, a tendência penitencial tradicional se orienta, ao lado das manifestações coletivas, para a confissão individual auricular. Essa evolução será sancionada, tornando-se obrigatória, com o cânon *Omnis utriusque sexus* do quarto concílio de Latrão (1215), que exige de todos os fiés de ambos os sexos o mínimo de uma confissão individual por ano. A partir desse momento, é basicamente na confissão que se baseia a sanção penitencial e se abre nas consciências uma frente pioneira, a do exame de consciência.

A confissão então renovada assume seu lugar numa nova concepção dos sacramentos disposta em septenário (sete itens), dentro de um novo sistema que compreende, também em septenário, os pecados capitais e os dons do Espírito Santo. Seria interessante estudar, mais atentamente do que se tem feito, quais foram as mudanças na hierarquia desses septenários. Pôs-se em evidência a subida para o primeiro lugar dos vícios: a *avaritia* [avareza] — ligada ao progresso da economia monetária — e logo a seguir a *superbia*, o orgulho, vício por excelência do sistema feudal.

Uma evolução também deve ser notada no domínio das ideias e da prática da justiça. O que predomina neste campo é a busca de graus de punição proporcionais à gravidade das culpas e dos crimes, julgados não apenas de acordo com a escala dos fatos, mas em função da situação e das intenções dos pecadores.

Por fim, outra novidade fundamental: a revolução escolar. O avanço urbano suscita em primeiro lugar uma renovação de algumas escolas episcopais, em Laon, em Reims, em Chartres, em Paris. Mas essa renovação não passa de fogo de palha e as escolas monásticas lançam também seu último raio de luz. Em compensação, novas escolas urbanas nascem de modo um tanto selvagem e sob dupla orientação. De um lado, impõe-se a atração da teologia, em um meio intelectual, sociológico e político fervilhante em Paris. De outro lado, é a cristalização em torno do direito, no coração do avanço comunal, em Bolonha. Duas obras destinadas a se tornarem clássicas são escritas com poucos anos de diferença: por volta de 1140, o *Decretum*, de Graciano, ou *Concordia discordantium canonum* [Harmonia das discenções das regras], a primeira compilação racional com o objetivo de harmonizar as decretais, base do *Código de Direito Canônico*, que vai se desenvolver nos séculos XIV e XV; e, entre

SÃO FRANCISCO DE ASSIS

1155 e 1160, os quatro livros das *Sentenças* do bispo de Paris, o italiano Pierre Lombard.* Nos dois casos, trata-se de um novo meio intelectual, o de trabalhadores especializados na ciência teológica ou jurídica, e de um novo método, fundamentado sobre a discussão e a argumentação racional: a escolástica.

O resultado dessa grande mutação da Igreja é, depois de séculos sem concílios gerais, a volta no Ocidente dos concílios "ecumênicos": Latrão I (1123), Latrão II (1139), Latrão III (1179), Latrão IV (1215). Representam simultaneamente a conclusão da reforma gregoriana e o esforço de *aggiornamento* da Igreja diante do século das grandes mudanças. Mas o significado deles é ambíguo, como ambíguo é o triunfo do poder pontifício de que eles são expressão. Tanto quanto a adaptação ao novo, esses concílios organizam o controle e o represamento — se não o fechamento — da sociedade nova. Na verdade, apesar desse esforço de *aggionarmento*, a Igreja continua, no início do século XIII, prisioneira de antigos e novos fardos.

Mostra-se atrasada, especialmente diante da evolução econômica e do mundo urbano, e permanece presa ao regime feudal agrário.

Evolui muito rapidamente no sentido de novas estruturas paralisantes: a caminhada das novas ordens — os cistercienses, em particular — para o enriquecimento, a exploração dos conversos, o afundar-se no atoleiro rural, o juridicismo estéril de um direito canônico avassalador, o início da degenerescência burocrática e autocrática do papado e da cúria romana.

Conhece derrotas reveladoras: a da cruzada impotente contra os muçulmanos, afastada de seus objetivos, como prova o desvio

---

*Sendo bispo de Paris, o italiano Pietro, da Lombardia (Novara), popularizou-se sob esse nome. (*N. do T.*)

da quarta cruzada para Constantinopla, em 1204, incapaz de suscitar o entusiasmo de algum tempo antes; principalmente, a derrota na luta contra as heresias dentro da própria Cristandade.

Por fim, revela-se inábil, se não incapaz de repelir ou moderar os desafios da história: a agressão do dinheiro, as novas formas de violência, a aspiração contraditória dos cristãos a um gozo maior dos bens deste mundo, por um lado, e, por outro, a resistência às tendências agora mais agudas para a riqueza, o poder, a concupiscência.

Se a escolástica e o nascente direito canônico fornecerão à Igreja meios para teorizar as situações novas na sociedade cristã, se as obras de vulgarização — manuais de confessores, modelos de sermões, coletâneas de *exempla* — fornecerão aos simples padres os meios para responder parcialmente às novas necessidades dos fiéis, esses empreendimentos eruditos também vão contribuir para alargar o fosso cultural entre a elite eclesiástica e a massa leiga, para inchar, deturpar ou recuperar o jorro de cultura folclórica que tinha sido produzido no século XIII.

O regime feudal tinha-se monarquizado e a cultura preponderante tinha sofrido a influência das classes leigas dominantes, aristocracia e cavalaria, cujo sistema de valores de educação se impunha à nova sociedade, até mesmo à sociedade urbana das comunas italianas. O próprio Francisco de Assis sofrerá a influência dessa cultura de cavalaria e sua devoção à pobreza terá ares corteses. Seu sonho de cavaleiro, traduzido na visão da casa cheia de armas, nunca desaparecerá totalmente de seu espírito. A Senhora Pobreza será, certamente, a afirmação da recusa aos valores econômicos e sociais da sociedade aristocrático-burguesa, mas através de um modelo cultural educado, feudal. O inglês Walter Map, em seu *De nugis curialum* [*A Vaidade dos Cortesãos*] (1192-1193), deplora a atração dos clérigos pelo turbilhão dos

SÃO FRANCISCO DE ASSIS

vícios e das futilidades principescas. Nesse mesmo fim do século XII, o bispo de Paris, Maurice de Sully, entretanto de origem modesta — coisa excepcional —, lembrava aos camponeses num sermão-modelo (em latim e em língua vulgar) o dever religioso do pagamento de dízimos à Igreja e das taxas aos senhores.

Gabriel Le Bras mostra muito bem a situação eclesiástica do século XII: "Por um acaso curioso, a multiplicação dos tipos clericais absolutamente não correspondia às necessidades do século: correspondia às necessidades da salvação (ou do fausto) dos ricos e às comodidades (às vezes excessiva) dos cônegos e dos curas."

Nenhuma derrota é mais significativa do que a da Igreja do fim do século XII diante dos movimentos de leigos francamente heréticos ou catalogados pela Igreja como heréticos. O movimento mais espetacular e mais grave é sem dúvida o do catarismo, verdadeira religião diferente do cristianismo baseando-se numa estrita oposição entre o bem e o mal. Os cátaros se estendem pela Baixa Renânia, algumas regiões da França e do Império Romano-Germânico, do Loire aos Alpes, e principalmente pela França meridional, a Provença e a Itália do norte. É a derrota do clero secular local e dos cistercienses, aos quais o papado tinha confiado a ação da pregação, depois da cruzada. As consequências no caso serão a guerra na Cristandade conduzida pela Igreja, o fosso duradouro entre a França do sul e a França do norte, a instalação da Inquisição — um dos grandes crimes históricos contra o homem.

Talvez seja mais significativo ainda o medo da Igreja diante dos movimentos dos *laici religiosi* que não professavam nenhuma doutrina herética. Já o cânon do segundo concílio de Latrão (1139) proibira as formas de religião que mulheres piedosas praticavam em suas casas.

Mais graves são os casos dos valdenses e dos *Umiliati* ["Humilhados", em italiano]. Os valdenses são aqueles pobres de Lyon que, atendendo a apelo do rico comerciante de Lyon Pedro Valdo, consagram sua vida por volta de 1170 à piedade e às boas obras, à leitura da Bíblia, à pregação e à mendicância. Por volta de 1175 um grupo de artesãos, os *Umiliati*, constituiu-se em Milão como comunidade de trabalho e de oração, também lendo a Bíblia em língua vulgar e pregando. Em pouco tempo enxamearam por toda a Lombardia. O papa Lúcio III excomungou simultaneamente cátaros, valdenses e *Umiliati* em Verona em 1184. Que reprovava neles a Igreja? Essencialmente a usurpação de um dos monopólios dos clérigos, a pregação. Walter Map, dignitário eclesiástico (arcediago de Oxford), é o primeiro a se indignar: "A Palavra dada aos simples que sabemos incapazes de recebê-la, e mais ainda de dar o que receberam, será como a pérola dada aos porcos?" Usurpação tanto mais escandalosa aos olhos da Igreja por não se tratar apenas de homens leigos, mas também de mulheres.

É bem verdade que Inocêncio III deu marcha a ré e recuperou em 1196 uma parte dos *Umiliati*, mas transformando-os em "ordens". Repartiu-os em três ordens, duas das quais agrupavam autênticos religiosos obedientes a uma regra, a terceira constituindo o que se chamou de "uma espécie de ordem terceira *avant la lettre*", a qual praticava uma atividade artesanal para subvencionar suas necessidades e buscar com que dar aos pobres. Inocêncio III também distinguiu na Escritura a passagem *aperta* ["aberta"], episódio narrativo e moralista acessível a todos, e a *profonda* ["profunda", em italiano], trecho dogmático cuja compreensão e exposição estavam reservadas aos clérigos.

Vê-se assim que fermentos, que necessidades, que reivindicações tinham alguns meios leigos à altura do ano de 1200: o

SÃO FRANCISCO DE ASSIS

acesso direto à Escritura, sem o obstáculo do latim e a intermediação do clero, o direito ao ministério da Palavra, a prática da vida evangélica no século, na família, no trabalho, no estado leigo. É preciso acrescentar a esses itens a aspiração à igualdade entre os sexos que professam, no fim do século XII, os *Umiliati* da Lombardia, os penitentes rurais da Itália do norte, as beguinas e begardos dos confins setentrionais da França e do Sacro Império Romano-Germânico.

Alguns, como o padre calabrês Joaquim de Fiore, não veem esperanças a não ser na chegada à terra de uma terceira idade, depois da do Pai e da do Filho, a idade do Espírito que terá uma comunidade de "homens espirituais" — que para isso possivelmente terão de recorrer a "uma obra ativa ou mesmo revolucionária".

É esse o contexto quando Francisco de Assis tem 20 anos, em 1201 ou 1202. Seu sucesso ocorre porque ele responde ao que espera uma grande parte de seus contemporâneos, tanto em relação ao que aceitam quanto em relação ao que recusam.

Francisco é um menino da cidade, um filho de comerciante, sua primeira área de apostolado é a área urbana, mas à cidade ele quer levar o sentido da pobreza em face do dinheiro e dos ricos, a paz em vez daquelas lutas intestinas que conheceu em Assis, entre Assis e Perúsia.

Retomando, em um novo contexto, o espírito de São Martinho, que ia se reabastecer na solidão do mosteiro de Marmoutier abandonando provisoriamente sua sede episcopal de Tours, Francisco busca a alternância entre a ação urbana e o retiro eremítico, a grande respiração entre o apostolado no meio dos homens e a regeneração na e pela solidão. A essa sociedade que se imobiliza, que se instala, ele propõe a estrada, a peregrinação.

Leigo num tempo que viu a canonização (1199) pelo novo papa Inocêncio de um comerciante, Hombão de Cremona, Francisco quis mostrar que os leigos são dignos e capazes de levar, como os clérigos, com os clérigos, uma vida verdadeiramente apostólica. E, se, apesar das dilacerações e dos choques, permanece fiel à Igreja, por humildade, por veneração aos sacramentos cuja administração reclama um corpo de ministros diferentes e respeitados, recusa significativamente, na sua fraternidade e tanto quanto possível na sua ordem nascente, a hierarquia e a prelazia. Nesse mundo em que aparece a família conjugal e agnática restrita, mas na qual o antifeminismo continua fundamental e em que reina uma grande indiferença à criança, ele manifesta, por suas ligações com algumas mulheres próximas e em primeiro lugar Santa Clara, por sua exaltação do Menino Jesus na manjedoura de Grécio, sua atenção fraternal à mulher e à criança.

A todos, longe das hierarquias, das categorias, das compartimentações, propõe um único modelo, o Cristo, um único programa, "seguir nu o Cristo nu".

Nesse mundo que se torna o da exclusão — marcado pela legislação dos concílios, dos decretos, do direito canônico — e exclusão de judeus, leprosos, hereges, homossexuais, em que a escolástica exalta a natureza abstrata e, salvo exceções, nesse ponto ignora mais ainda o universo concreto, Francisco proclama, sem qualquer panteísmo, nem o mais longínquo, a presença divina em todas as criaturas. Entre o mundo monástico banhado de lágrimas e a massa dos despreocupados mergulhados numa ilusória alacridade, propõe a imagem alegre, sorridente, daquele que sabe que Deus é alegria.

É o contemporâneo dos sorrisos góticos. É também de seu tempo, juntamente com suas aberturas e suas recusas, por suas hesitações e suas ambigüidades.

SÃO FRANCISCO DE ASSIS

Uma hesitação maior: em que reside o melhor ideal da vida humilde, no trabalho ou na mendicância? Como se situa a pobreza voluntária em relação à pobreza sofrida? Qual das duas é a pobreza "real"? Como deve viver o apóstolo, o penitente, na sociedade? Qual o valor do trabalho?

Uma ambiguidade essencial: qual a relação entre a pobreza e o saber? O saber não é uma riqueza, uma fonte de dominação e de desigualdade? Os livros não são um desses bens temporais que devem ser recusados? Diante do avanço intelectual, do movimento universitário que logo conquistará os *leaders** franciscanos, Francisco hesita. Mas, de um modo geral, pode-se perguntar se, quando morre, Francisco pensa ter fundado a última comunidade monástica ou a primeira fraternidade moderna.

---

*A palavra tem curso na língua francesa tanto quanto em português, com a diferença que, em francês, mantém a forma inglesa, mas mesmo assim é usada sem destaque. Como, porém, o autor usou a palavra em grifo, ou itálico, ao contrário do habitual, manteve-se a forma, em atenção ao fato excepcional. (*N. do T.*)

II

À procura do
verdadeiro São Francisco

EM BUSCA DO VERDADEIRO
SÃO FRANCISCO

Nada mais fácil *a priori* do que apresentar São Francisco de Assis. Ele deixou muitos escritos que nos informam sobre sua sensibilidade, suas intenções, suas ideias. Amigo da simplicidade em seus escritos como em sua vida e em seu ideal, voluntariamente ignorante das sutilezas escolásticas, não embrulhava seu pensamento e suas efusões literárias num vocabulário ou num estilo eruditos ou obscuros, que exigissem um grande esforço de elucidação ou de interpretação. Santo de um novo gênero, segundo o qual a santidade se manifesta menos por milagres — entretanto numerosos — e pela exibição de virtudes — entretanto excepcionais e brilhantes — do que pela linha geral de uma vida totalmente exemplar, Francisco teve, em seu próprio círculo de companheiros, numerosos biógrafos não apenas

---

Este texto foi publicado inicialmente em italiano (traduzido por Lisa Barruffi) sob o título "Francesco d'Assisi" na coleção I *Protagonisti della storia universale*, vol. IV, *Cristianesimo e Medioevo*, Milão, 1967, pp. 29-56, e republicado em 1998 sob o título *Francesco d'Assisi* nas Edizioni Biblioteca Francescana, Milão. É inédito em francês. [Era inédito em francês até a publicação do original do presente livro, em 1999.]

documentados, mas cuidadosos também de pintá-lo através dessa verdade, dessa simplicidade, dessa sinceridade sempre dele naturalmente irradiadas. Amigo de todas as criaturas e de toda a criação, espalhou tanta solicitude, compreensão fraternal a todos, caridade no sentido mais elevado, quer dizer, amor, que a história como que lhe deu em troca a mesma simpatia e admiração afetuosa e geral. Todos os que falaram dele ou sobre ele escreveram — católicos, protestantes, não cristãos, incréus — foram tocados e frequentemente fascinados por seu encanto. A geografia e a história também com naturalidade lhe compuseram o cenário e o meio ambiente íntimos que mostram com evidência inescondível as ligações profundas que o uniam à sua terra: à sua cidade, Assis, à beira das estradas, em contato com a planície e a montanha, ao alcance do homem e perto da solidão; à sua Úmbria propícia às caminhadas por montes e por vales, cheia de silêncio e de ruído, de luz e de sombra, agrícola e mercante, fervilhante de um povo simples e profundo, tranquilo e apaixonado, ardente por dentro, mas às vezes soltando bruscas fagulhas, afinado com as árvores, a terra, os rochedos, os riachos sinuosos, rodeado por um mundo de animais nobres e familiares — os carneiros, os bois, os burros, os pássaros —, entre os quais especialmente a pomba, a gralha, a gralha miúda, às quais ele pregava, o falcão, o faisão, as laboriosas abelhas e a cigarra humilde que vinha cantar em sua mão; na Itália dilacerada entre o papa e o imperador, cidades voltadas umas contra as outras, nobreza e povo, tradições rurais e progresso de uma economia cada vez mais invadida pelo dinheiro, e que também o ligavam à sua época, esse tempo trepidante do avanço urbano, da inquietude herética, do ímpeto prestes a ser quebrado pela cruzada, da poesia sensível, também dilacerada entre a brutalidade das paixões e os sentimentos refinados. Como

SÃO FRANCISCO DE ASSIS

parece fácil situá-lo! E nesse cenário luminoso, o historiador vê diante de si, a oferecer-se, uma última graça, um outro presente inestimável: a poesia que se desprende de São Francisco, a lenda que dele emana desde quando era vivo de tal forma fazem parte de sua personagem, de sua vida, de sua ação, que nele Poesia e Verdade se confundem. Há mais de cem anos já, Ernest Renan se admirava "que sua maravilhosa lenda possa ser estudada tão de perto e confirmada em suas grandes linhas pela crítica".

E no entanto... O simples, o aberto, o tão contado e pintado São Francisco escapulindo por trás de uma das questões mais complicadas da historiografia medieval. É paradoxal ter de abordar esse homem, que desprezava tanto os livros sábios como a erudição, através de um esboço, ao menos, das razões que tornam tão difícil explorar as fontes de sua história.

FRANCISCO DE ASSIS EM SEUS ESCRITOS

A primeira dificuldade nasce dos escritos do próprio São Francisco. Em primeiro lugar, o santo, em sua humildade, não trata de si próprio. Não se pode, portanto, esperar de sua obra nenhuma informação precisa sobre sua vida. Nela só acharemos alusões a alguns de seus comportamentos que ele passa a seus irmãos como exemplos. Desse modo, em seu *Testamento*, o mais "autobiográfico" de seus escritos, ele lembra que sempre procurou trabalhar com as próprias mãos para que os irmãos fizessem o mesmo: "E eu trabalhava com as minhas mãos, como quero trabalhar; e quero que trabalhem todos os outros irmãos, com trabalho honesto."[1] Por outro lado, pelo menos um de seus escritos mais importantes, a primeira "Regra", escrita em 1209 ou 1210 para seus irmãos, perdeu-se. Sabemos especialmente, pelo próprio Francisco e por São Boaventura, que essa regra era curta e simples e se compunha essencialmente de algumas passagens do Evangelho. Mas as tentativas de alguns historiadores de reconstituí-la tornaram tudo muito duvidoso e é impossível tomar como base esse documento decisivo para dizer se, em determinada época, Francisco já tinha assumido a ideia de fazer com seus companheiros uma nova "ordem" integrada à Igreja ou se seu objetivo era apenas a formação de um pequeno grupo de leigos independentes da organização eclesiástica. Do mesmo modo estão perdidos, salvo descoberta tornada improvável pelo zelo com que eruditos "franciscanizantes" vasculharam bibliotecas e arquivos, cartas (sabemos da existência de uma aos irmãos da França, de uma outra aos de Bolonha, de muitas ao cardeal Ugolino protetor dos Frades Menores, futuro papa Gregório IX), poemas e cânticos. Desses poemas conservamos aquele que é provavelmente a obra-prima, o *Cantico di frate Sole*, "Cântico do irmão Sol", mas, se outros tivessem chegado até nós, dos quais sabemos que alguns eram em latim e outros em italiano, outros ainda talvez em francês, teríamos uma imagem mais completa do São Francisco poeta — aspecto essencial de sua personalidade.

A essas perdas, acrescentam-se incertezas sobre a autenticidade de alguns dos escritos que nos foram legados sob o nome de São Francisco. Essas dúvidas são relativas apenas a textos em geral considerados secundários, mas, para alguns,

---

[1]*"Ed io con le mie mani lavoravo, come voglio lavorare; e voglio che lavorino tutti gli altri frati, di onesto lavoro."*

SÃO FRANCISCO DE ASSIS

a discussão sobre a autenticidade deles não é desprovida de importância para o conhecimento do pensamento de São Francisco. Por exemplo, a carta endereçada "a todos os podestades, a todos os cônsules, juízes e reitores no mundo inteiro assim como a todos os outros a quem o documento possa chegar",[2] e conhecida como "Carta aos governantes dos povos", só pode ser atribuída a São Francisco em razão de seu conteúdo. Nenhuma prova externa permite afirmar-lhe a autenticidade. Ora, se as recomendações que ela contém podem corresponder por um lado às intenções conhecidas do santo, se esse apelo feito aos governantes para respeitarem e fazerem respeitar os mandamentos de Deus parece próprio de uma época em que a Cristandade englobava num mesmo corpo poderes temporais e poderes espirituais, e de um homem que teve sempre o cuidado de restabelecer a concórdia, a paz, o amor nas comunidades civis e contribuir para a salvação das coletividades como para a dos indivíduos, por outro lado seu conteúdo também apresenta aspectos desconcertantes. A alusão insistente à aproximação do fim do mundo lembra mais ideias apocalípticas de alguns meios franciscanos do século XIII do que a posição do próprio São Francisco, que fez inúmeras menções à importância da preparação para o Juízo Final na vida dos cristãos, mas não dá a impressão de ter acreditado na proximidade histórica desse acontecimento. De qualquer maneira, esse gesto espetacular fundaria um franciscanismo claramente "político", no qual se inspiraram de bom grado alguns tribunos contemporâneos, mas que parece ultrapassar o pensamento e a ação mais discretos e mais profundos de São Francisco.

---

[2] *"A tutte le podestà, a tutti i consoli, giudici e rettori nel mondo intero come a tutti gli altri a cui il documento può pervenire."*

Tende-se hoje a considerar autêntica a carta a Frei Antônio de Pádua, mas a forma, pelo menos, permanece duvidosa e a aprovação que nela Francisco dá ao ensino escolástico da teologia causa perplexidade, pois se trata de uma contradição em relação à sua desconfiança habitual a respeito da ciência.

Enfim, se a interpretação dos textos autênticos de São Francisco deixa pouco espaço para divergências, em função da simplicidade e da clareza do vocabulário desses documentos e do estilo do autor, não se dá a mesma coisa quanto às circunstâncias de sua composição. Qual é, por exemplo, a parte das pressões externas nas modificações que o santo fez na Regra de 1221 que nem o papa nem uma parte dos Frades Menores aprovaram? Recentemente acreditou-se — sem fundamento sério, a meu ver — poder diminuir-se o alcance do *Testamento* julgando-se que São Francisco, prejudicado pela doença, tenha ditado esse texto sob a influência dos Frades Menores do convento de Sena que o tinham acolhido e que o rigorismo desse escrito reflete mais a paixão "extremista" desses frades do que a de São Francisco.

Assim, através do esboço sumário dos problemas que temos com as obras de São Francisco, percebe-se a fonte principal das dificuldades da historiografia franciscana: a existência, mesmo durante a vida do santo, de duas tendências dentro da Ordem, cada uma buscando atrair o fundador para si e interpretar em benefício próprio suas palavras e seus escritos. De um lado, os rigoristas, que exigiam dos Frades Menores a prática de uma pobreza total, coletiva e individual, a recusa a todo aparato na liturgia dos ofícios da Ordem, assim nas igrejas como nos conventos, e a guardar distância da cúria romana, suspeita de pactuar muito facilmente com o século. De outro lado, os moderados, convencidos da necessidade de adaptar o ideal da pobreza à evo-

SÃO FRANCISCO DE ASSIS

lução de uma Ordem de frades cada vez mais numerosa, de não repelir, por uma recusa a toda influência exterior, as multidões sempre mais densas que se voltavam para os Frades Menores, e da necessidade de ver na Santa Sé a fonte autêntica da verdade e da autoridade numa Igreja de que a Ordem era uma parte integrante. Onde situar o verdadeiro Francisco?

O PROBLEMA DAS BIOGRAFIAS

Deveria ser suficiente, para responder, completar a leitura das obras com o exame da vida. Mas aí é que a dificuldade é maior. As dissensões dentro da Ordem dos Frades Menores no século XIII acabaram, afinal, por nos privar de fontes dignas de total confiança sobre a vida do fundador da Ordem. Essas dissensões começaram entre os Frades Menores ainda em vida de São Francisco, e por causa delas é que ele voltou da Terra Santa em 1220, para redigir em 1221 uma nova Regra, que afinal logo alteraria, e por causa delas deixou a direção da Ordem desde 1220 com Pietro Cattani e em seguida, depois da morte deste, em 1221, com Frei Elias. Também contribuíram, essas dissensões, para seu retiro em Alverne, em 1224. As divisões se acentuaram depois da morte de Francisco, e mais ainda quando Frei Elias, que dominou a Ordem até 1239 — se bem que tenha cedido o ministério geral a Giovanni Parenti de 1227 a 1232 —, engajou-se decididamente entre os partidários do aparato, simbolizado na construção da suntuosa basílica de São Francisco em Assis, exasperando os partidários da austeridade. Na segunda metade do século, as oposições — apesar das intervenções pontifícias e, às vezes, por causa delas — acusaram-se mutuamente, constituindo as duas tendências verdadeiras facções inimigas. Os *Conventuali* (Conventuais) concordaram em seguir a Regra interpretada e completada por bulas papais que atenuaram a prática da pobreza, enquanto seus adversários — em geral chamados *Spirituali* (Espirituais), sobretudo na Provença, ou *Fraticelli* (Fradezinhos), principalmente na Itália —, cada vez mais impregnados de ideias milenaristas concebidas por Gioacchino da Fiore (Joaquim de Fiore), cada vez mais extremistas em matéria de austeridade e hostis a Roma, viram-se reduzidos a posições heréticas. A grande esperança que a eleição ao trono pontifício, em 1294, do eremita Pietro di Morrone fez nascer entre eles cedo se frustrou porque, ao cabo de seis meses, o novo papa, que adotou o nome de Celestino V, foi constrangido, segundo a palavra de Dante, ao *gran rifiuto*,* a renunciar à tiara. Se bem que os Espirituais tenham sobrevivido até o fim do século XV (fradezinhos irredutíveis ou menores rigoristas que se tornaram os "Observantes"**), pode-se considerar que a querela franciscana foi extirpada pelo papa João XXII em 1322 pela bula *Cum inter nonnullos*, que decidiu no sentido mais contrário à pobreza absoluta e às tendências espirituais.

Mas, para as fontes da história de São Francisco de Assis, o episódio decisivo dessa luta teve lugar em 1260-1266. Na Or-

---

*"Grande renúncia" (o verso de Dante na verdade acusa Celestino V de vileza ou covardia: "... *che fece per viltade il gran rifiuto*"). (*N. do T.*)

O ramo franciscano dos Observantes, sucessores dos Fradezinhos, se manteve por muito tempo em Portugal, por exemplo, onde até o século XIX sua presença pode ser atestada em documentação vária, como nos documentos da cidade de Aveiro, e na literatura, citados por Camilo ("... vestiu o hábito humilde da ordem dos menores *observantes* de São Francisco de Assis, ou missionários do Varatojo", *A Caveira da Mártir*, cap. 4, 55, *apud* verbete "Observante", dicionário de Morais, 10ª. edição revista, corrigida, muito aumentada e actualizada, por Augusto Moreno, Cardoso Júnior e José Pedro Machado, volume VII, Confluência, Lisboa, 1954). Como o nome diz e a condição de herdeiros dos Fradezinhos exigia, **observavam fielmente a prática das regras da ordem. (*N. do T.*)

SÃO FRANCISCO DE ASSIS

dem, havia sempre partidários do meio-termo justo, desejosos
de impor às duas facções extremas um compromisso. Pensavam
como Dante sobre a família de São Francisco

Sua família, que tão retamente
seguia suas pegadas, desviou-se tanto
que a cabeça se choca com a cauda
e logo se verá a colheita
do mau cultivo, quando o joio
se lamentar de que lhe foi tirada a arca.
Digo mesmo que quem procurasse, página por página,
em nosso volume, acharia ainda uma folha
onde poderia ler: "Sou aquele que costumo ser";
mas não será de Casale nem de Acquasparta
que virão tais leitores de nossa Regra,
pois um foge dela, outro a coíbe.[3]

---

[3]*La sua famiglia, che si mosse dritt*
coi piedi ale sue orme, è tanto volta,
che quel dinanzi a quel di retro gitta.
E tosto si vedrà della ricolta
della mala coltura, quando il loglio
si lagnerà che l'arca li sia tolta.
Ben dico, chi cercasse a foglio a foglio
nostro volume, ancor troveria carta
u'leggerebbe "I mi son quel ch'i'soglio";
ma non fia da Casal nè d'Acquasparta,
là onde vegnon tali alla scrittura,
ch'uno la fugge, e altro la coarta.

(Dante, *Divine Comédie*, Paradis, XII, vv. 115-126, tradução francesa de Jacqueline
Risset, Paris, 1990, p. 123.) Essas palavras que Dante atribui a São Boaventura
lamentam as divisões da família, na posteridade de São Francisco. Os maus discípulos se queixam de exclusão, mas fizeram um trabalho ruim. Francisco deve
permanecer o que era, afastado tanto daqueles que, como Albertino da Casale, espiritual ardente, forçam sua regra, como daqueles que, como Mateo d'Acquasparta,
ministro-geral da Ordem dos Frades Menores e cardeal, dela se afastam.

JACQUES LE GOFF

Aquele em cuja boca Dante põe essas palavras é precisamente São Boaventura que, elevado ao ministério geral em 1257 pelos moderados para restabelecer a unidade da Ordem, adotaria uma medida carregada de consequências para a historiografia de São Francisco. Os Franciscanos das duas tendências tinham multiplicado a biografia do santo, atribuindo-lhe palavras e atitudes de acordo com suas posições. Não se sabia mais a que São Francisco se apegar. O capítulo geral de 1260 confiou a São Boaventura o cuidado de escrever a vida *oficial* de São Francisco que a Ordem consideraria daí em diante como a única a descrever a vida do santo. Essa vida, ou *Legenda* (chamada *Legenda maior* para distingui-la de uma *Legenda minor*, resumo sob a forma de lições litúrgicas compostas por Boaventura para uso do coro), foi aprovada pelo capítulo geral de 1263, e o de 1266 tomou a decisão de proibir que os frades lessem daí em diante qualquer outra vida de São Francisco e lhes ordenou que destruíssem todos os escritos anteriores relativos a São Francisco. Espantosa decisão, ditada sem dúvida pelo desejo de pôr fim às divisões internas, facilitada por uma certa insensibilidade da época em relação à objetividade científica, mas que manifesta um desprezo pela autenticidade ainda mais curioso, porque São Francisco tinha proclamado um respeito pela letra e pelo espírito dos textos autênticos totalmente diferente — basta ver o que declarou em seu *Testamento*: "O ministro-geral e todos os outros ministros e os custódios* estão obrigados, por obediência, a não acrescentar nada nem nada cortar destas palavras. Antes, tenham este texto sempre consigo junto com a Regra, leiam também estas palavras"[4] (tradução francesa de Damien Vorreux).

---

*Entre os franciscanos, é a designação do substituto do prior nos conventos ou, por extensão, de qualquer substituto nos cargos de importância. (N. do T.)

[4]"*Il ministro generale e tutti gli altri ministri e custodi per obbedienza siano tenuti a non aggiungere e a non togliere nulla a queste parole. Anzi abbiano sempre con sè questo scritto insieme con la Regola, leggano anche queste parole.*"

SÃO FRANCISCO DE ASSIS

É verdade que, desde 1230, o papa Gregório IX, pela bula *Quo elongati*, desobrigara os Frades Menores de levar em conta essa passagem do *Testamento* de São Francisco. Se era possível deixar de levar em conta as palavras do santo, com maior razão podia-se deixar de considerar a palavra de seus biógrafos.

A infelicidade para os historiadores é que os Franciscanos obedeceram de tal forma à ordem de 1266 que buscar manuscritos não destruídos será decepcionar-se. Mas, apesar disso, ainda é possível esperar descobertas. Desde a publicação pelos bolandistas,* em 1768, da *Vida* conhecida como dos *Três Companheiros* e da primeira biografia (*Vita prima*) de Tomás de Celano, pode-se, até hoje, retomar contato com uma série de manuscritos que limitam — parcialmente — as consequências catastróficas do auto da fé de 1266.

Outra infelicidade é que a *Legenda* escrita por São Boaventura é quase inútil como fonte da vida de São Francisco; de um modo ou de outro, deve ser controlada por documentos mais seguros. Em rigor, com todo o seu trabalho de pacificador, São Boaventura, apesar de sua profunda veneração a São Francisco e de se basear em fontes anteriores autênticas, realizou uma obra que ignora as exigências da ciência histórica moderna, por ser tendenciosa e fantasista. Fantasista, porque combina elementos às vezes contraditórios tomados de fontes diferentes sem nenhuma crítica. Tendenciosa, porque silenciava quanto ao que mostraria que a ordem franciscana tinha-se desviado de algumas das intenções de São Francisco e, às vezes, em pontos

---

Bolandistas são os eruditos — em sua grande maioria jesuítas — continuadores da coleção dos Atos dos Santos (*Acta Sanctorum*) iniciada em Antuérpia pelo padre belga Jean Bolland, também jesuíta, no século XVII. Bolland, por sua vez, foi o consolidador de um trabalho iniciado por outro jesuíta, o holandês Heribert Rosweyde. (*N. do T.*)

essenciais: a ciência e o ensino, o trabalho manual, as visitas aos leprosos, a pobreza das igrejas e dos conventos. De fato, esse São Francisco do meio-termo justo é mais dos Conventuais do que dos Espirituais.

Até o fim do século XIX, é entretanto esse São Francisco corrigido, mutilado e adocicado de São Boaventura — tornado depois ainda mais insosso porque se aceitou uma medíocre obra de devoção escrita por Bartolomeu de Pisa na primeira metade do século XIV e aprovada pelo capítulo geral de 1399 — que foi considerado o verdadeiro São Francisco.

As exigências da crítica histórica moderna levaram no fim do século XIX a uma revisão do São Francisco tradicional. Pode-se considerar a celebração do sétimo centenário do nascimento de São Francisco em 1882 como o prefácio dessa revisão, além da edição, nessa ocasião, da encíclica *Auspicatum concessum*, de Leão XIII. Mas o autêntico ponto de partida da busca do verdadeiro São Francisco é a obra fundamental do protestante Paul Sabatier, em 1894.

Desde então, a historiografia franciscana se desenvolveu, e também se complicou, a tal ponto que disso só se pode dar aqui um resumo muito simplificado.

Considera-se que as fontes essenciais da vida de São Francisco alinham-se em volta de duas personagens representando, uma, os meios franciscanos moderados, e outra, os meios franciscanos rigoristas. É preciso notar que mais facilmente se encontraram os manuscritos do grupo moderado do que os do grupo oposto, embora a questão das fontes franciscanas hoje seja principalmente a crítica das fontes de tendência digamos "espiritual".

As obras do primeiro grupo não são entretanto de interpretação tão simples quanto pareça. Têm todas como autor o

SÃO FRANCISCO DE ASSIS

franciscano Tomás de Celano que as compôs a pedido de altas personalidades eclesiásticas. Famoso pela elegância de seu estilo, ele escreveu em primeiro lugar por solicitação de Gregório IX uma vida de São Francisco, a *Vita prima*, terminada em 1228. Essa vida, muito bem informada, silencia todo traço de dissensão seja dentro da Ordem, seja entre a Ordem e a cúria romana, faz o elogio de Frei Elias, então muito poderoso, e se inspira nos modelos historiográficos tradicionais: a vida de São Martinho de Tours, de Sulpício Severo, e a vida de São Bento, de Gregório Magno. Cerca de 1230, Tomás de Celano redigiu um resumo para as leituras de matinas,* a *Legenda chori*.

Em 1244, o ministro-geral Crescêncio de Jesi pediu a Tomás de Celano para completar a *Vita prima* com uma nova vida que introduzisse novos elementos reclamados pelos frades que não tinham conhecido São Francisco, e solicitou a todos os que pudessem ajudar Tomás de Celano a redigi-la que lhe levassem suas lembranças sobre São Francisco para uso deles próprios. Desse modo, a *Vita secunda* traz muitos problemas importantes: quais são suas ligações e suas diferenças com a *Vita prima*? Em que medida ela representa a contribuição dos redatores de memórias que forneceram documentação a Tomás de Celano? Até que ponto a *Vita secunda* passa pela tendência de enfeitar, própria da lembrança?

Entre os frades utilizados por Tomás de Celano há três especialmente que tinham conhecido bem Francisco: Frei Rufino, Frei Ângelo e Frei Leão, sendo Frei Leão precisamente a personagem central do outro grupo dos biógrafos de São Francisco. Essa colaboração, de resto difícil de precisar, complica ainda mais o problema da *Vita secunda*.

---

*A primeira das horas canônicas rezadas pelos frades no coro (*chori*), como diz o título do resumo. (*N. do T.*)

Na carta que tinham endereçado em 1246 a Tomás de Celano enviando-lhe sua *Vida*, os três companheiros declaram: "Em vez de relatar milagres que, na verdade, não constituem a santidade mas apenas a manifestam, de preferência nos ativemos a divulgar a vida edificante e as verdadeiras intenções de nosso bem-aventurado Pai." Essa concepção nova, "progressista", da santidade não satisfazia às necessidades das multidões acostumadas a se empanturrar de milagres. Para satisfazer a essas necessidades tradicionais é que Tomás de Celano redigiria, a pedido do novo ministro-geral João de Parma [Giovanni Buralli], em 1253, um *Tratado dos Milagres* de São Francisco. Se bem que esses milagres sejam sobretudo milagres realizados pelo santo depois da morte e que o *Tratado* seja também um complemento às duas *Vitae*, essa nova obra não deixa de constituir um passo atrás em relação à biografia espiritual de São Francisco.

Diante desse conjunto coerente, bem estabelecido, datado com exatidão, que são os escritos de Tomás de Celano, o grupo contrário das biografias de Francisco mostra numerosas lacunas, grandes incertezas. A personagem central, seja como quem informa, seja como autor, é Frei Leão, confessor de São Francisco e, portanto, bem situado para conhecer a vida interior do santo. Mas nenhuma das obras que a crítica lhe atribui apresenta um caráter de autenticidade indubitável. *A Vida dos Três Companheiros (Legenda trium sociorum)* que chegou até nós com toda probabilidade não é a original endereçada a Tomás de Celano, mas verossimilmente uma compilação do início do século XIV, bebendo a um tempo na *Vita secunda* de Tomás e nas fontes autenticamente leoninas não utilizadas por Tomás, e, talvez, entre elas, no texto original de Frei Leão: o *Speculum perfectionis* ou *Espelho da Perfeição*, que também não deve ser uma obra autêntica de Frei Leão, pois parece ter sido composta

SÃO FRANCISCO DE ASSIS

depois de sua morte, segundo as narrativas ou escritos de Leão diretamente transcritos. O *Manuscrito Filipe* é uma versão antiga dos *Acta beati Francisci et sociorum ejus* — *Atos de São Francisco e de seus companheiros* —, compilação do século XIV parenta dos *Fioretti*. Esse manuscrito inclui provavelmente parágrafos que reproduzem um texto original de Frei Leão. Por fim, o mais precioso, talvez, desses textos, a *Legenda antiqua*, editada em 1926, que parece o mais autêntico dos textos atribuídos a Frei Leão, mas que traz problemas ainda não resolvidos.

Portanto, a utilização desse grupo de textos tropeça em numerosas dificuldades. Se, em comparação com o São Francisco "oficial", parece apresentar um São Francisco mais intransigente, menos enfeitado, mais verdadeiro, não se pode deixar de considerar que existe a mesma possibilidade de que deforme São Francisco no sentido oposto. E o historiador que gostaria muito de contrabalançar a versão "revista e corrigida" de São Francisco com essa de Frei Leão é obrigado a reconhecer que o auto da fé de 1266 conseguiu, até prova em contrário, privá-lo de textos de que se possa servir com toda a segurança.

Entre os outros textos que fornecem dados biográficos de São Francisco, é preciso dar um lugar à parte a duas obras de caráter mais lendário do que histórico, mas que desempenharam um papel de primeiro plano na mitologia franciscana.

O primeiro é o *Sacrum Commercium beati Francisci cum domina Paupertate* ("O Casamento Espiritual de São Francisco com a Senhora Pobreza), pequena epopeia composta depois de 1227, abordando um tema nascido sem dúvida enquanto o santo ainda era vivo e fadado a um grande destino.

O segundo são os *Fioretti*, compilação em italiano reunindo, cerca de um século depois da morte de São Francisco, pequenas narrativas edificantes, umas traduzindo diversos opúsculos latinos de devoção, outras ilustrando através de *exemplos* de historinhas as máximas do *Speculum perfectionis*. Essa obra muito popular, depois de quase cair em descrédito por causa da crítica moderna, reconquista hoje um certo crédito. Parece mais próxima de fontes autênticas do que se pensava. Está fortemente marcada pela influência dos Espirituais e restabelece um certo equilíbrio quebrado em favor do São Francisco oficial; deixa claro, finalmente, que São Francisco inspirou desde cedo uma literatura na qual lenda e história, realidade e ficção, poesia e verdade estão intimamente ligadas.[5]

VIDA DE SÃO FRANCISCO

Quando Francesco Bernardone nasceu, em 1181 ou 1182, em Assis, sua mãe, na ausência do pai, comerciante de tecidos que viajava a negócios pela França, batizou-o com o nome de João Batista, o santo do deserto, da pregação e do anúncio, por quem Francisco teve sempre uma preferência particular. Quando e por que o prenome Francisco, então "singular e inusitado", substituiu o de João não se sabe. Das três principais hipóteses consideradas: a troca do prenome pelo pai ao voltar do país do qual teria tirado o nome dado ao recém-nascido; uma homenagem prestada mais tarde à mãe, que teria sido francesa — o que não está provado; e a persistência de um cognome que lhe

---

[5]Seguimos principalmente Tomás de Celano nesta narrativa da vida de Francisco de Assis. Trataremos de apresentar sua obra, suas ideias, sua sensibilidade segundo seus únicos escritos, e só nos serviremos do conjunto das fontes para esboçar, como conclusão, a personagem histórica de São Francisco, a originalidade de seu lugar entre os protagonistas da história.

SÃO FRANCISCO DE ASSIS

teria sido dado na juventude por sua paixão pela língua francesa, esta última parece a mais verossímil. O francês que ele aprendeu antes de sua conversão, porque era a língua por excelência da poesia e dos sentimentos cavaleirosos, continuou a ser a língua de suas efusões íntimas. "Quando ele estava cheio do ardor do Espírito Santo", diz Tomás de Celano, "falava francês em voz alta." Nos bosques, cantava em francês, pedia como esmola, em francês, óleo para a luminária de San Damiano que tinha consertado. O francês o mergulhava no êxtase e no júbilo. Em 1217, quis partir pessoalmente como missionário para aquela França que pressentia como receptiva à sua pregação e da qual admirava a devoção eucarística a ponto de lá querer morrer por causa dessa veneração pelo santo sacramento. De todo modo, não é indiferente notar que, num tempo em que os nomes tinham uma significação profunda — pesada de sentidos simbólicos —, o fato de aceitar e de espalhar um prenome insólito manifestava a vontade de Francisco de inovar em seu apostolado.

Mas o jovem Francesco Bernardone não deixava transparecer sua futura vocação. Tomás de Celano execrou os pais de Francisco acusando-os de terem-no criado deploravelmente, e de terem contribuído para dar tons negros ao quadro de sua adolescência depravada. Lugar-comum de hagiógrafo. Em que passava o tempo o jovem Bernardone? Nos divertimentos de seu tempo, nada mais: nos jogos, no ócio, nos bate-papos, nas canções, e em matéria de roupas andava sempre na moda. Talvez procurasse eclipsar seus companheiros tentando ser o cabeça do que se chamou com grande exagero de *"jeunesse dorée* de Assis". A característica mais interessante é que esse filho de comerciante, por um reflexo natural à nova geração de seu grupo social, procurava levar um ritmo de vida cavaleiroso, imitando o comportamento dos nobres mais que praticando as virtudes e os defeitos da burguesia comercial. Se era, em verdade, "hábil nos negócios", era sobretudo um "grande gastador". A prodigalidade, eis o que o aproximava dos nobres. Tomás de Celano, que o trata de "muito rico", reconhece também que a fortuna de que dispunha graças ao pai era inferior à da maior parte dos nobres: "mais pobre em bens, era mais generoso em prodigalidade". Em seguida, a cultura: grande admirador da fina poesia, torna-se ele mesmo com alguns companheiros cançonetista e jogral. Por fim, o gênero de vida: o que o atrai é a guerra, o ofício das armas. Nem lhe faltam ocasiões para a prática. Pois em Assis, mais do que em qualquer outro lugar, continuava uma luta dupla entre os partidários do papa e os do Imperador,* igualmente preocupados em dispor dessa praça forte bem situada e sua formidável fortaleza — a Rocca —, em mantê-la entre a nobreza e o povo de Assis, quer dizer, entre as velhas famílias feudais e a nova burguesia mercadora. O povinho apoia a nova burguesia para constituir uma *comuna* que assegure à cidade sua independência em face dos estrangeiros — alemães ou papistas — e da aristocracia feudal. Esse partido "popular" parece vencer a luta. Em 1200, o povo de Assis expulsa da Rocca a guarnição alemã e se recusa a entregá-la aos legados do papa e, para maior segurança, destrói a fortaleza, bota abaixo ou incendeia os palácios dos nobres situados dentro da cidade e seus castelos das cercanias, mata uma parte deles e a outra tem de se exilar, protege-se, enfim, fechando a cidade dentro de muralhas construídas às pressas. Que Francisco** Bernardone

---

*Em sentido absoluto, a palavra se refere sempre ao chefe do Sacro Império Romano-Germânico. (*N. do T.*)

**Ao contrário das outras vezes em que usa nome e sobrenome do santo, aqui o Autor não empregou o italiano Francesco, mas a forma francesa, o que nos leva, em consequência, a empregar a forma portuguesa. (*N. do T.*)

SÃO FRANCISCO DE ASSIS

tenha participado dessas lutas é mais do que provável. Supõe-se mesmo que trabalhando no levantamento das muralhas é que ele se tenha iniciado na construção, arte que praticará mais tarde, simples pedreiro, construindo e reconstruindo capelas e igrejas, a começar por San Damiano!

O que é certo é que um episódio dessas lutas acabou mal para Francesco Bernardone. As famílias nobres expulsas de Assis — como a da futura Santa Clara, a família Offreduccio di Favarone — refugiaram-se em Perúsia, a velha rival de Assis. Os perusinos, para restabelecer os bens e o estado desses nobres, declararam guerra ao povo de Assis. Francisco, que participava da batalha em que se enfrentaram as duas cidades, em 1202, na ponte de San Giovanni sobre o Tibre, aí foi feito prisioneiro pelos perusinos e ficou mais de um ano na prisão em Perúsia. Detalhe típico: "Dado que vivia como os nobres, é com os cavaleiros que fica preso." Libertado em novembro de 1203, não o levam a mudar de posição, em relação ao desejo de glória militar, nem essa experiência desagradável nem a longa doença que o imobiliza durante uma grande parte do ano de 1204. Em 1205, ele resolve acompanhar à Apúlia um nobre de Assis que vai servir nos exércitos papais contra as tropas imperiais. Parece que se decide por isso através de um sonho, no qual vê sua casa cheia de uniformes militares e de armas. Sonho de nobre, não de comerciante, nota com alguma malícia Tomás de Celano: "Habitualmente ele não via tais objetos em sua casa, mas montes de tecidos para vender." Francisco interpreta essa visão como o anúncio de seus futuros sucessos guerreiros na Apúlia. Não compreende ainda que a visão é simbólica, que será chamado a outros combates, a usar outras armas, espirituais. É, na verdade, no caminho para a Apúlia, em Spoleto, que uma outra visão o detém. Ele não irá para a Apúlia, não será um glorioso militar. A conversão caminha. Ele será um dos maiores santos da história do cristianismo. Mas levará para sua nova vida as paixões da juventude: a poesia e o gosto da alegria — poesia e alegria que de profanas se farão místicas; a prodigalidade, que consistirá em espalhar não o dinheiro, mas a palavra, as forças físicas e morais, ele próprio, total; o ardor militante que permitirá a ele resistir a todas as provações e se lançar sobre todas as fortalezas erguidas no caminho da salvação de seus irmãos, sobre Roma, sobre o sultão, sobre o pecado sob todas as formas.

A CONVERSÃO

A conversão de São Francisco segundo Tomás de Celano apresenta incoerências e as coisas ainda pioram com a diferença de tom entre a *Vita prima* e a *Vita secunda*. A tentativa de resolver essas dificuldades leva a supor que Tomás tenha tido à sua disposição fontes disparatadas que tentou harmonizar sem grande sucesso e interpretando os dois textos em níveis diferentes, mas não contraditórios. A conversão estaria apresentada na *Vita prima* em uma perspectiva "espiritual", ou psicológica, e na *Vita secunda* em uma perspectiva "religiosa" ou mística. Não bastaria reconhecer que é penosamente que se analisa um fenômeno de conversão e que o mais importante para o historiador é restringir-se aos temas, aos episódios que marcaram as etapas e deles extrair a importância histórica? Impressiona logo o fato de que, apesar do caráter de iluminação repentina, da brusca alteração que sempre reveste uma conversão numa narrativa biográfica, a de São Francisco, segundo Tomás, se estenda por quatro ou cinco anos e siga um itinerário,

SÃO FRANCISCO DE ASSIS

caminhe através de muitos episódios. Primeiro episódio: o abalo inicial surge durante uma doença. Sobre a natureza dessa doença que durou meses nada sabemos, mas, desde logo, revela-se um traço essencial da personalidade física e espiritual de Francisco: trata-se de um homem doente. Até a morte ele sofrerá de dois tipos de males: doenças dos olhos e afecções do sistema digestivo: estômago, baço, fígado. As viagens, as pregações, as fadigas, as práticas ascéticas agravarão essa saúde precária. Mas Francisco não procurou sistematicamente humilhar seu corpo. Sua atitude a respeito do corpo é ambígua ou, melhor, ambivalente. O corpo é a fonte e o instrumento do pecado. Portanto, a esse respeito é o próprio inimigo do homem: "Muitos, quando pecam ou sofrem uma injustiça, veem nisso frequentemente culpa do inimigo ou do próximo. Mas isso é um erro, porque cada um pode dominar o inimigo, quer dizer, o corpo,[6] por meio do qual peca."[7] Mas é também a imagem material de Deus e mais particularmente do Cristo: "Considera, ó homem, o estado de excelência no qual te pôs o Senhor, uma vez que ele te criou e formou *à imagem* de seu filho muito amado, segundo o corpo, e *à sua própria semelhança*, segundo o espírito."[8]

Desse modo, é preciso mortificar o corpo, mas para pô-lo, como a alma, a serviço do amor de Deus. O corpo é, em definitivo, como todas as criaturas, "irmão corpo", e "nossas irmãs, as doenças" são ocasiões indispensáveis para a salvação. Mas não é possível entregarmo-nos às doenças a ponto de nos

---

[6] O padre Vorreux traduz *corpus* por "egoísmo", tradução a meu ver inexata.

[7] "*Vi sono multi, i quali, quando fan peccato o ricevono alcun torto, spezzo incolpano il nemico o il prossimo. Ma non è cosi: poichè ognuno ha in suo potere il nemico, cioè il corpo, per mezzo del quale pecca*" (Admonições, 10).

[8] "*Considera, uomo, in quale stato eccellonte ti ha messo il Signore, poichè ti ha creato e formato ad imaginem del suo Figliolo diletto secondo il corpo, ed a sua somiglianza secondo lo spirito*" (Admonições, 5).

tornarmos escravos delas se elas tornam o corpo inutilizável para a obra da salvação e do amor. Certamente, Francisco não tinha simpatia especial pelos médicos, aos quais prefere o único verdadeiro médico, o Cristo, mas cede de bom grado e humildemente a Frei Elias que o convence, quando a doença dos olhos o torna quase cego, a consultar os médicos do papa citando-lhe a palavra do Eclesiástico (38, 4): "O Altíssimo criou a medicina da terra e o sábio não a desprezará." Do mesmo modo, durante sua permanência junto aos médicos pontifícios em Rieti, pediu a um de seus companheiros: "Eu gostaria, irmão, que pegasses escondido uma cítara e que nela tocasses alguma boa música para distrair um pouco meu irmão corpo que está cheio de dores." Como o frade reagisse com medo do que as pessoas achariam disso, Francisco lhe diz: "Tudo bem, não falemos mais nisso! É preciso saber renunciar para não escandalizar." Mas à noite um anjo virá, com sua cítara, substituir à cabeceira do doente o frade tão timorato.

Enraizado desse modo na dor física que começa a levá-lo a refletir sobre o destino humano e traz a seu pensamento o tema, essencial em Francisco, das relações entre o *homem interior* e o *homem exterior*, sua conversão se manifesta em primeiro lugar pela renúncia ao dinheiro e aos bens materiais.

A cronologia dos episódios dessa etapa é particularmente confusa em Tomás de Celano.

Um primeiro ato parece se situar por ocasião da partida para a guerra na Apúlia, objetivo afinal frustrado. Francisco encontra um pobre cavaleiro em andrajos e lhe dá sua capa. Com toda a certeza, o gesto tende a fazer de Francisco um novo São Martinho. E Tomás de Celano, que não resiste à comparação, deixa claro que o gesto de Francisco é superior, porque Francisco deu

SÃO FRANCISCO DE ASSIS

sua capa toda, enquanto que Martinho dela não tinha dado senão a metade.

Diferença significativa entre duas personalidades diversas, talvez — São Francisco é, desde o início, o homem da doação total —, de duas épocas seguramente dissemelhantes. Na virada do IV para o V século a necessidade espiritual da sociedade ocidental é a partilha material dos bens, uma nova divisão entre antigos ricos e novos pobres. Já na virada do século XII para o XIII é a aceitação ou a recusa de possuir aquilo que o dinheiro consegue no ritmo acelerado da difusão da economia monetária.

Primeiro abandono, primeira recusa simbólica. De volta a Assis, Francisco lá é escolhido como cabeça ou rei da juventude, segundo um velho rito folclórico. Mas esse chefe profano se afasta pouco a pouco de seus súditos para se preparar, indo meditar numa gruta afastada, em companhia de um único amigo, confidente íntimo de seus pensamentos, para uma vida nova. A esse amigo revela o que será para ele o tesouro escondido que afirma procurar e a noiva que as pessoas de Assis o supunham em preparativos para desposar. O tesouro seria a sabedoria divina, e a esposa, a vida religiosa. E assim prefigura o tema do casamento com a pobreza.

A pobreza, é disso que lentamente ele se aproxima. Deve-se desconfiar da narrativa de Tomás de Celano que o leva a Roma onde ele se misturará à multidão de mendigos diante da basílica de São Pedro. Indignado de ver a exigüidade das oferendas feitas ao chefe da Igreja, teria dado tudo que tinha consigo. Mas essa vocação para enriquecer Roma em nada se parece com Francisco, e deve-se ver aqui um desses episódios pró-romanos que Tomás de Celano e a corrente franciscana moderada introduziram forjando-lhes todas as peças na vida do santo.

Os acontecimentos então se precipitam. Comovido com a deterioração da igrejinha de San Damiano, igrejinha cujo pobre pároco não tinha meios de reformar, junta uma trouxa de panos da casa paterna, ajeita-os sobre um cavalo e vai vendê-los em Foligno, tanto quanto o cavalo. Volta a pé para Assis e dá todo o produto da venda ao pobre padre. Furioso com o desaparecimento da mercadoria, o pai manda procurá-lo. Francisco se esconde na adega de uma casa abandonada onde seu fiel amigo sigilosamente o abastece de alimentos. Depois, decidido a assumir sua responsabilidade, deixa o esconderijo e se mostra aos conterrâneos. Emagrecido pelas privações, acusa-se publicamente de preguiça e ociosidade. Essa mudança deixa estupefatas as pessoas de Assis que zombam dele, tratam-no de louco, jogam-lhe lama e pedras: prefiguração da perseguição, da busca do martírio, esboço da imitação de Cristo quanto aos ultrajes, do *Ecce Homo*. Atraído pelo barulho, seu pai o agarra e o tranca, acorrentado, num cárcere de sua casa. Depois de alguns dias, sua mãe, compadecida, solta-o. Francisco foi procurar refúgio com o bispo, e lá, na presença do bispo, testemunha responsável e protetora, publicamente, diante de seu pai espumando de raiva, cumpre o ato solene que marca a ruptura com sua vida anterior e que o torna livre. Renuncia a todos os seus bens, depois se despe inteiramente e, nu, manifesta seu despojamento absoluto.

Durante esse período, entretanto, conheceu hesitações. Viu em sonho, repetidas vezes, uma mulher repugnante, disforme de uma corcunda exagerada. Caricatura da esposa esperada? Imagem repulsiva da vida miserável que o espera? Francisco afasta por fim esse espectro, no qual Tomás de Celano enxergava o diabo e o historiador pressente talvez uma espécie de tentação de Santo Antão, outro modelo de Francisco.

SÃO FRANCISCO DE ASSIS

Rompeu com a vida mundana, ainda não se decidiu quanto à vida nova. Seus primeiros passos hesitantes às vezes são também falsos passos — reveladores de suas incertezas, de sua dificuldade para encontrar o tom justo na passagem de uma vida à outra. Num dia em que canta louvores a Deus em francês numa floresta, um bando de salteadores investe sobre ele: "Quem é você?" E ele: "Eu sou o arauto do grande Rei." Moeram-no de pancadas e o jogaram num fosso cheio de neve: "Aí está, camponês que se julga o arauto de Deus."

Ainda há, entretanto, obstáculos a vencer. Um pouco depois, cumpriu-se um outro grande passo, o único que Francisco menciona no início de seu *Testamento*, quando lembra sua conversão. "O Senhor me deu, a mim, irmão Francisco, a graça de começar a fazer penitência: quando ainda estava em pecado, parecia-me muito amargo ver os leprosos, mas o próprio Senhor me levou a estar com eles e eu usei de misericórdia: quando me afastei dali, aquilo que antes me parecia amargo rapidamente se transformou em doçura de alma e de corpo. Em seguida esperei um pouco, e saí do mundo."[9]

O beijo do leproso fez entrar na vida o tema da repugnância vencida, da caridade para com os que sofrem, a novidade de ter o corpo como irmão. Entrou também na vida de Francisco o serviço para os mais infelizes, para os mais pequeninos.

Mas e depois? É em San Damiano que ele faz perguntas a Deus. E, um dia, Deus lhe responde. O crucifixo — essa pintura em que se encarna uma nova devoção ao Cristo sofredor e que

---

[9]*"Il Signore cosi donò a me, frate Francesco, lá grazia di cominciare a far penitenza: quando ero ancora nei peccati, mi pareva troppo amaro vedere i lebbrosi, e il Signore stesso mi condusse tra loro e con essi usai misericordia: quando me ne allontanai, quello che prima mi pareva amaro, tosto mi si mutò in dolcezza d'animo e di corpo. Indi attesi poco, e usciii dal mondo."*

está conservada hoje em Santa Chiara — fala a ele. E Deus disse a Francisco: "Francisco, vai, reforma minha casa que, como vês, virou só ruína." E Francisco, que ainda não está habituado a compreender o sentido simbólico da palavra divina, toma as palavras do crucifixo ao pé da letra. O que está em ruína são mesmo as casas materiais de Deus, as igrejas caindo e, para começar, San Damiano. Prefigurando a reconstrução espiritual da Igreja, de que ele será um dos grandes artesãos, Francisco pega a colher de pedreiro, sobe nos andaimes e se transforma em operário de construção. Um outro tema entra em sua vida, o trabalho manual. San Damiano reconstruída, Francisco trabalha em São Pedro perto das muralhas e, enfim, em Porciúncula, oratório perdido no bosque, mas na proximidade dos dois leprosários, de Santa Madalena e de São Salvador.

Porciúncula é, segundo a palavra de São Boaventura, "o lugar que Francisco mais amou no mundo". Lá é que se cumpriu o ato final de sua conversão. Deus fala de novo a Francisco. Desta vez, fala pela voz do padre que, no humilde oratório de Porciúncula, lê um dia na missa um trecho do Evangelho que Francisco acredita ouvir pela primeira vez. É o capítulo 10 de Mateus: "Vai, disse o Salvador, e anuncia por toda parte que o reino de Deus está próximo. O que recebeste gratuitamente, dá gratuitamente. Não carregue nem ouro nem prata no teu cinto, nem saco para a estrada, nem duas túnicas, nem calçado, nem bordão; porque o operário tem dignidade para manter-se por si. Em qualquer cidade ou aldeia a que chegues, informa-te para saber quem é digno de receber-te e permanece em casa dele até partires. Entrando na casa saúda dizendo: Paz para esta morada." Francisco solta um grito: "Eis o que quero, é isso que procuro, isso que desejo fazer do fundo do coração." Transbordando de alegria, descalça os sapatos, joga fora seu bordão e

SÃO FRANCISCO DE ASSIS

não conserva mais do que uma única túnica, que amarra com uma corda à maneira de cinto. Essa túnica, enfeita-a com uma imagem de Cristo e a confecciona tão áspera que aí crucificará sua carne com seus vícios e seus pecados, tão pobre e tão feia que ninguém no mundo a invejará.

É o "terceiro ano da conversão" de Francisco, o 12 de outubro de 1208 ou o 24 de fevereiro de 1209. Francisco tem 26 ou 27 anos. De convertido, torna-se missionário. São Francisco nasceu, vão nascer os franciscanos.

DA PRIMEIRA À SEGUNDA REGRA

Então Francisco começa a pregar, "com sua voz que é como um fogo ardente". Prega em Assis, na ou perto da igreja na qual tinha recebido, menino, sua educação religiosa e na qual será enterrado pela primeira vez,* San Giorgio, hoje anexada a Santa Chiara. Seu primeiro convertido naquele ano de 1209 é um homem piedoso e simples do qual nada sabemos. Depois um homem rico, Bernardo de Quintavalle, que vende todos os seus bens e doa o produto aos pobres, juntando-se a Francisco. O terceiro é um outro natural de Assis, jurista e cônego, que estudara em Bolonha, Pietro Cattani, que será o sucessor de Francisco à testa da Ordem, em 1220. O quarto é Frei Egídio.

Nesse momento começa a pregação itinerante. De tempos em tempos, haverá nessa pregação uma etapa marcada por

---

*O corpo será trasladado em 1230, portanto quatro anos depois do primeiro enterro, para a Basílica de Assis, como consta da Cronologia do início do livro. (N. do T.)

um episódio célebre ou significativo, e nos demoraremos nos pontos extremos da viagem — para Roma ou para fora da Itália. Mas, salvo breves retiros, Francisco e seus companheiros estarão sempre nas estradas, pregando nas cidades e nas aldeias. Seu domínio por excelência é a Itália, de Roma a Verona, mas sobretudo a Úmbria e as Marcas. Sua primeira missão foi cumprida, de acordo com a *Vida dos Três Companheiros*, nos limites de Ancona, que será um grande lar do franciscanismo, o berço dos *Fioretti*. Depois, quando eles são oito, Francisco, que os despacha sempre dois a dois, como Cristo fez com os apóstolos (Marcos 6, 7; Lucas 1, 1), e ele próprio viaja sempre com um irmão, manda Frei Bernardo e Frei Egídio a Santiago de Compostela. Ele mesmo e seu companheiro vão ao vale de Rieti, de onde Francisco volta com novos recrutas, entre os quais Frei Ângelo que, com Frei Leão e Frei Rufino, formará a equipe dos "três companheiros". Eis que o grupo então chega a doze, como os apóstolos, e todos se encontram em Porciúncula, no inverno de 1209-1210.

Sucessos e derrotas se equilibram nesse início. Os sucessos são muito encorajadores no sentido de confirmar Francisco em sua missão, as derrotas são claramente motivos de inquietação. Durante sua primeira expedição às Marcas, ele e os companheiros foram tomados por loucos. Bernardo e Egídio em caminho para Compostela foram mal acolhidos em Florença. Se Tomás de Celano cala sobre essas dificuldades e insiste em alguns êxitos, os "três companheiros", que devem exagerar em sentido inverso, falam de uma derrota total. Outro ponto de inquietude: Guy, o bispo de Assis que tinha protegido Francisco no momento de sua conversão, torna-se se não hostil, pelo menos desconfiado. Francisco precisou recorrer a toda sua força de persuasão para convencê-lo da legitimidade de sua atividade e de seu gênero

SÃO FRANCISCO DE ASSIS

de vida. Para fazer com que cessassem logo essas ameaças, Francisco decide ir com os onze irmãos a Roma e pedir ao papa que aprovasse sua conduta e a de seus irmãos.

FRANCISCO E INOCÊNCIO III

Essa viagem a Roma traz difíceis problemas para o historiador. Primeiro, a aprovação que Francisco ia pedir ao papa seria exatamente a de uma "regra", portanto a fundação de uma nova "ordem"? O texto submetido a Inocêncio III se perdeu, e é bem vago o que diz Tomás de Celano: "Francisco escreveu para si e para seus irmãos, presentes e futuros, simplesmente e em poucas palavras uma fórmula de vida e uma regra essencialmente composta de citações do santo Evangelho, cuja perfeição ele desejava ardentemente tornar realidade." *Vitae formam et regulam*": tem-se a clara impressão de que o biógrafo de 1228 acrescentou *regula* [regra] por decisão própria e que a verdade está em *formula vitae* [forma (no diminutivo) de vida] — um simples formulário composto de algumas frases evangélicas orientando a vida e o apostolado dos irmãos.

Segunda questão: qual foi a atitude de Inocêncio III? Parece fora de dúvida que tenha havido três entrevistas entre Francisco e o papa e que foi difícil ao *Poverello** conseguir a aprovação do pontífice.

---

*Sem grifo no original, grifado aqui por coerência em relação a todas as palavras estrangeiras citadas. Trata-se, como se sabe, do apelido italiano do santo e significa Pobrezinho. (*N. do T.*)

Que homens então se veem face a face? Dois pastores, cuja personalidade, função e experiência se opõem em quase tudo. Inocêncio III está imbuído da espiritualidade pessimista da tradição monástica, escreveu uma obra (*Sobre o Desprezo do Mundo*) aos antípodas do amor que Francisco leva a todas as criaturas, se bem que Francisco só aspire ao céu, mas aspira ao céu através dessas criaturas. Ainda que Inocêncio III não seja o papa "político" que muitos historiadores veem nele, Francisco está convencido do primado do poder espiritual sobre o poder temporal, mais ainda, está convencido de que o vigário de Cristo possui as duas forças, os dois poderes, e diz: "Que todos os irmãos abstenham-se de mostrar qualquer poder ou superioridade, principalmente entre si. De fato, como o Senhor diz no Evangelho: *'Os príncipes das nações as dominam e os grandes exercem poder sobre elas.'* Não será assim entre os irmãos, mas *quem quer que entre eles queira ser maior, que deles seja servidor e escravo, e quem for maior entre eles seja como menor."*[10]

Para Francisco, não existem inimigos em torno de nós, os inimigos são nossos vícios e pecados e, de qualquer maneira, não se pode julgar o outro. Inocêncio III vê a Igreja assaltada por bandos de inimigos, os príncipes que se dizem cristãos e sobre os quais ele lança sucessivamente (sobre o Imperador, sobre o rei da França, sobre o rei da Inglaterra) a excomunhão e o anátema, aqueles hereges que pululam — os Pobres de Lyon, transformados em valdenses, e aqueles *Umiliati*, submetidos à obediência apenas parcialmente, até aqueles cátaros, aqueles

---

[10]*"Tutti i frati si guardino dal monstrare alcun potere o superiori specialmente tra loro. Infatti, come dice il Signore nel Vangelo: I principi delle nazioni le signoreggiano, e i grandi esercitano il potere sovr'esse; non sarà cosi tra i frati, ma chiunque vovra essere maggiore tra essi sia loro ministro e servo, e chi sarà maggiore tra essi sia come minore."*

SÃO FRANCISCO DE ASSIS

albigenses, contra os quais ele pregou a cruzada e prepara a Inquisição. Ora, esse leigo em andrajos que se apresenta diante da cúria gorda, luxuosa e arrogante, preconizando esse escândalo, a aplicação integral do Evangelho, a realização do Evangelho total, não estará, aos olhos do papa, no caminho da heresia, ou não será visto já como um herege? Teria havido portanto uma primeira entrevista tempestuosa. Esse homem com "sua pobre túnica, sua cabeleira em desordem e suas imensas e negras sobrancelhas", Inocêncio III o toma, ou finge tomá-lo, por um porqueiro: "Deixa-me tranquilo com tua regra. Vá primeiro reencontrar teus porcos e pregar-lhes todos os sermões que queiras." Francisco corre a uma pocilga, lambuza-se de esterco e volta diante do papa: "Senhor, agora que fiz o que me tínheis mandado fazer, tenha por sua vez a bondade de me conceder o que solicito." O papa, conclui o cronista inglês Mateus Paris, "caindo em si, arrependeu-se de o ter recebido tão mal, e depois de mandar que ele se lavasse, prometeu-lhe nova audiência".

O que parece certo é que, depois de uma acolhida inicial hostil, seja por parte do próprio papa seja da Cúria, Francisco prepara o novo encontro com Inocêncio. Acha introdutores, aliados, protetores. O mediador é o bispo Guy de Assis, e aquele que, por sua mediação, acaba por concordar em preparar os caminhos de Francisco até o papa é o cardeal João de São Paulo, da família Colonna. Mas, quando Francisco consegue submeter o texto de sua "Regra" a Inocêncio III, o papa se mostra espantado com a severidade dela. O Evangelho integral, que loucura! Mas o cardeal de São Paulo acha o argumento bom para comover o pontífice, um argumento religioso e político simultaneamente. "Se rejeitarmos o pedido desse pobre sob tal pretexto, isso não será afirmar que o Evangelho é impraticável e blasfemar contra Cristo, seu autor?" Inocêncio III, abalado mas não convencido, contenta-se em dizer a Francisco: "Meu filho, vá rezar para que Deus nos manifeste sua vontade: quando a conhecermos, poderemos responder-te com toda a segurança."

Esse novo adiamento é proveitoso para Francisco e seus aliados, e Deus manifesta sua vontade. Inocêncio III teve um sonho: viu a basílica de Latrão inclinar-se como se fosse desabar. Um religioso "pequeno e feio" a sustentou em suas costas e a impediu de ir abaixo. O homem de seu sonho só poderia ser Francisco. Ele salvaria a Igreja.

Por isso Inocêncio III aprovou o texto que Francisco lhe submetia. Mas o fez cercando-se de muitas precauções. Deu apenas uma aprovação verbal, nada por escrito. Impôs aos frades que obedecessem a Francisco, e a Francisco que prometesse obediência aos papas. Sem lhes conferir as ordens maiores, mandou tonsurar todos eles, que eram leigos, e conferiu sem dúvida o diaconato a Francisco. Por fim, autorizou-os apenas a pregar, quer dizer, a dirigir exortações morais ao povo.

Francisco não perguntou mais nada sobre essas coisas todas. "Ide, meus irmãos", teria dito Inocêncio III, segundo Tomás de Celano, abençoando-os, "ide com o Senhor e que o Senhor vos inspire, pregai a todos a penitência. Quando o Senhor todo-poderoso vos multiplicar em número e em graça, voltai alegremente a mim e eu vos concederei mais favores e vos confiarei, com uma confiança maior, maiores missões."

Mesmo através dessa narrativa otimista, sente-se que, ainda que tivesse conseguido o essencial, Francisco não superou a desconfiança papal. E os companheiros de Francisco que tinham pressa em deixar Roma pararam num lugar isolado do vale de Spoleto e se interrogaram sobre sua vocação: "Mais do que pregar aos homens, não seria melhor nos tornarmos eremitas?"

SÃO FRANCISCO DE ASSIS

Outra vez Francisco teria de usar todos os recursos de seu verbo inflamado para convencê-los a não fugir de sua missão.

Que o próprio São Francisco tenha ficado satisfeito com sua viagem a Roma é duvidoso, se em vez de seguirmos Tomás de Celano consultarmos outras fontes. Mateus Paris, segundo o beneditino Roger de Wendover, situa nessa volta de Roma, no vale de Spoleto, um episódio célebre da vida de São Francisco: a pregação aos pássaros. Mas dá ao episódio uma interpretação muito distante do clima elegíaco em que a envolveram — em uma data mais tardia — os biógrafos oficiais de Francisco. O santo, ferido pela acolhida dos romanos, por seus vícios e suas torpezas, teria chamado os pássaros do céu — e os mais agressivos entre eles, aqueles de bicos perigosos, aves de rapina e corvos — e lhes teria ensinado a boa palavra, não a dos miseráveis romanos. Vê-se de onde se origina essa historinha. Foi tomada ao Apocalipse (19, 17-18): "E vi um anjo, de pé ao sol, e ele gritava com voz forte e dizia a todos os pássaros que voavam no céu: Vinde e reuni-vos ao grande banquete de Deus; comei a carne dos reis, a carne dos tribunos, a carne dos gloriosos, a carne dos cavalos e dos cavaleiros, a carne dos homens livres e dos escravos, dos pequenos e dos grandes." Essa invectiva não se parece com o doce Francisco e mostra como o partido franciscano extremista quis atribuir ao fundador da Ordem a assimilação de Roma e da Igreja com a maldita Babilônia. A iconografia do século XIII conservará essa lembrança: as imagens que representam Francisco pregando aos pássaros copiarão mais ou menos outras imagens contemporâneas nas quais o anjo do Apocalipse está chamando os pássaros à carniça — até que Giotto impôs definitivamente a interpretação idílica da cena. De qualquer modo, por trás dessa interpretação forçada e tendenciosa, sente-se que Francisco não deve ter guardado uma lembrança de encantamento de suas relações com Roma e Inocêncio III. Aí poderia estar um argumento contra sua presença no quarto concílio de Latrão, de 1215 — presença afirmativa para alguns, mas sem nenhuma prova.

De volta a Assis, Francisco e seus companheiros se instalaram no campo, à margem da curva de um riacho, o Rivo Torto. Ocuparam uma cabana abandonada, Francisco lembrando aos companheiros que "se vai mais rapidamente ao céu de uma cabana que de um palácio". Consumiam seu tempo nos cuidados com os leprosos, com o trabalho manual, a mendicância e a pregação, especialmente em Assis. Ao cabo de alguns meses, tiveram que deixar sua cabana porque, segundo Tomás de Celano, um camponês fez seu burro entrar no casebre para expulsar os que estavam lá. Mais provavelmente, porém, a mudança se deu por causa da chegada de novos irmãos tornando impraticável a morada de todos na pequenina casa. O bispo e os cônegos a tendo recusado, foi o abade do mosteiro beneditino de Monte Subasio que cedeu a Francisco a capela de Porciúncula e um trecho do terreno contíguo. A vida continuou a mesma para a comunidade que crescia pouco a pouco. Entre os novos frades, naquele ano de 1210-1211, estavam Frei Rufino, "que rezava mesmo dormindo", Frei Genebro, "esse perfeito imitador de Jesus crucificado", esse "jogral de Deus" por excelência que foi chamado o "franciscano típico",* Frei Masseu, de sólido bom senso, Frei Lucídio, "que nunca ficou mais de um mês no mesmo lugar, sob o argumento de que não temos de modo algum morada permanente aqui na terra", e, afinal, o puro e ingênuo

---

*Ao leitor brasileiro e português certamente não escapará aqui, mas nunca é demais lembrar, que esse mesmo "perfeito imitador de Cristo crucificado" foi o inspirador de Eça de Queirós num de seus *Contos* que mais tocam o coração: *Frei Genebro*. (*N. do T.*)

SÃO FRANCISCO DE ASSIS

Frei Leão, esse seguidor mais intransigente de São Francisco que fez dele seu confessor, porque ele era padre, e a quem chamava de "Frei Ovelhinha de Deus".

SANTA CLARA

Se Porciúncula vai se tornar a residência preferida de Francisco a partir de 1210, não se pode esquecer que ele a deixará frequentemente, seja para ir pregar em Assis, por toda a Úmbria, na Itália central e na setentrional, entre os Infiéis,* seja para retirar-se em solidão em diversos eremitérios, nos Carceri junto dos penhascos do Subasio, numa ilha do Lago Trasimeno, no Monte Casale, perto de Borgo San Sepulcro, na Fonte Colombo perto de Rieti, num local próximo de Orte, em Poggio Bustone, num oratório perto de Sena, nas Celle perto de Cortona, em Sant' Urbano perto de Narni, em Sarteano perto de Chiusi, em Alverne, enfim. Ele e seus irmãos nem sempre eram bem recebidos. Frei Bernardo de Quintavalle foi recebido, em 1211, a pedradas pelos bolonheses e coberto de sarcasmos na grande praça da cidade. Mas, em 1212, Francisco recebeu uma noviça muito especial. Uma jovem nobre de Assis, inflamada com os sermões do santo, fugiu da casa da família com uma amiga na noite da festa de Ramos e se refugiou em Porciúncula, onde Francisco cortou-lhes os cabelos e as vestiu com um burel semelhante ao seu, depois as levou ao mosteiro das beneditinas

---

*Em sentido absoluto e, assim, com inicial maiúscula, é referência aos muçulmanos. (*N. do T.*)

de San Paolo de Bastia, a alguns quilômetros de distância, nos pântanos da Insula Romana. Ao fim de alguns dias elas se passam para um lugar mais seguro, o mosteiro de Sant'Angelo, que outras beneditinas habitavam, no Monte Subasio, acima dos Carceri. Chiara e Pacifica lá se juntam a uma irmã mais moça de Chiara, Agnese [Inês], da qual Francisco também corta o cabelo. Algum tempo depois o bispo Guido dá a capela de San Damiano a Chiara e às "Pobres Senhoras", que mais tarde serão chamadas Clarissas, como os "Frades Menores" serão chamados Franciscanos. Assim, na tradição do monaquismo dos ramos paralelos masculino e feminino, inaugurada por São Bento e Santa Escolástica, Francisco e Clara não deixarão de caminhar juntos até a morte.* "Uma vez que vocês se tornaram as filhas e servas do Pai celeste e as esposas do Espírito Santo, escolhendo viver segundo a perfeição do santo Evangelho, eu vos prometo velar sempre sobre vós como sobre meus próprios irmãos", escreveu Francisco às Pobres Senhoras. Ele manterá a palavra e será obedecido e querido por elas como por seus irmãos.

MILAGRES E PEREGRINAÇÕES

Esse ano de 1212 foi um ano de efervescência e de esperança para a Cristandade. Os reis cristãos da Península Ibérica unem suas forças contra os muçulmanos e, a 14 de julho de 1212, derrotam os Infiéis na vitória da Reconquista de maior reper-

---

*No caso de São Bento († 547) e Santa Escolástica († 543) tratava-se de irmãos biológicos. Ambos estão sepultados lado a lado, no Mosteiro de Monte Cassino. (N. do T.)

SÃO FRANCISCO DE ASSIS

cussão, em Las Navas de Tolosa. De junho a setembro, da França
e da Alemanha chegam à Itália do Norte tropas de jovens que
querem ir para a Terra Santa. É a cruzada falsamente chamada
"das Crianças", que enfrenta mil dificuldades materiais e morais,
a hostilidade da maior parte da hierarquia eclesiástica e entra
tristemente em debandada. À semelhança deles, Francisco e um
de seus irmãos embarcam num navio de partida para a Síria. Mas
o navio é jogado pelos ventos contrários sobre a costa dálmata,
de onde Francisco e seu companheiro voltam penosamente a
Ancona. Sem dinheiro, sobem clandestinamente a um barco
cuja tripulação, descobrindo-os, ameaça-os com maus-tratos dos
quais eles só escapam porque o santo aplaca uma tempestade e
multiplica as magras provisões de bordo a ponto de alimentar
todos os marinheiros que, por causa de uma longa calmaria,
corriam risco de morrer de fome.

O projeto fica apenas adiado. Dois anos mais tarde, em
1214, Francisco parte de novo para ir pregar aos sarracenos,
desta vez no Marrocos, onde acha que será ouvido pelo sultão,
provavelmente abatido pela derrota em Las Navas. Mas cai
doente na Espanha e tem de voltar para a Itália. Conseguirá —
parcialmente — realizar seu projeto em 1219, no Egito.

Enquanto isso, os companheiros de São Francisco tornam-se
sempre mais numerosos e sua reputação se espalha. Entre os
novos chegados há, em Florença, Giovanni Parenti e, em Cortona, Frei Elias, todos dois futuros ministros-gerais. Atribuem-
-se a Francisco milagres mais e mais numerosos. Em Ascoli, ele
cura doentes e converte de uma só vez trinta pessoas, clérigos e
leigos; em Arezzo, as rédeas de um cavalo que ele tinha tido nas
mãos curam uma parturiente moribunda; em Città della Pieve,
um de seus seguidores cura os doentes tocando-os com uma
corda que Francisco tinha usado como cinto; em Toscanella,

cura um coxo, e, em Narni, um paralítico; exorciza possessos em San Gemini, entre Todi e Terni, e em Città di Castello. É perto de Bevagna que os pássaros teriam ouvido sua pregação, e é em Gúbio, segundo os *Fioretti*, que ele teria conseguido que o "irmão Lobo" deixasse de ser mau. Aquele de quem zombavam levanta agora à sua passagem não apenas a curiosidade, mas a veneração e o entusiasmo. Quando se anuncia sua chegada a uma cidade ou uma aldeia, todo mundo acorre gritando: "Eis o santo!" (*Ecco il santo!*) Tocam-se os sinos, verdadeiras procissões com ramos e cânticos seguem à frente dele, dão-lhe pão para benzer, cortam-se pedaços de seu hábito. Em 1213, ele prega por ocasião de uma festa no castelo de Montefeltro. O jogral de Deus mistura sua voz à dos trovadores profanos. Um dos assistentes, o conde Orlando de Chiusi in Casentino, comovido, doa a Francisco o Monte Alverne, para que lá se estabeleça um eremitério para ele e seus companheiros.

O QUARTO CONCÍLIO DE LATRÃO

Em 1215, houve um grande acontecimento para a Igreja: o papa Inocêncio III reuniu um concílio em São João de Latrão, o quarto a realizar-se nessa igreja. O concílio decide por uma nova cruzada e estabelece as bases para uma reforma da Igreja. Como esse tímido *aggiornamento* parece ir no sentido dos desejos de São Francisco e o papa tinha adotado por emblema da reforma o tau* marcado na fronte dos justos e caro a São Francisco

---

*Letra grega correspondente ao nosso T. (*N. do T.*)

SÃO FRANCISCO DE ASSIS

(que com ele assinava suas cartas e o pintava nos muros de seus eremitérios), criou-se uma tendência no sentido de estabelecer ligações precisas entre o concílio e São Francisco. Pretendeu-se que ele o tenha assistido e lá tivesse encontrado São Domingos. Nada o prova. Mas Inocêncio III, Francisco e Domingos, dentro de um mesmo espírito mas com estilos diferentes, buscam trazer soluções para o mesmo problema: num mundo em mutação, abrir para os homens novos caminhos no sentido da salvação. A partir dessa situação objetiva comum, concluiu-se mais tarde ter havido encontros materiais com o objetivo de ocultar as divergências que separavam a cúria romana dos dois santos e, se não dos dois santos, pelo menos de seus filhos espirituais entre si. Que o concílio continha uma ameaça a Francisco, Domingos e seus companheiros é evidente. O cânon 13 proibiu formalmente a fundação de novas ordens e o cânon 10 previa a atividade dos frades em conjunto com os bispos auxiliares "não apenas para assegurar a pregação, mas para ouvir confissões, distribuir as penitências e para todas as outras coisas referentes à salvação das almas". Esse papel de ajudantes estreitamente subordinados à hierarquia evidentemente contrariava as intenções de Domingos e de Francisco. Ambos procuraram desvencilhar-se das ameaças de maneira diferente. Em 1216, Domingos, adotando a regra de Santo Agostinho para seus pregadores organizados em confrarias de cônegos regulares, conseguiu fundar sua ordem sob a ficção da simples continuação de uma tradição existente. Francisco age mais discretamente, preocupado em não transformar seus companheiros em uma ordem verdadeira para dar-lhes mais maleabilidade e construir mais facilmente, concretizando com isso a coexistência entre leigos e clérigos, a ponte entre a Igreja e os leigos. Sem dúvida aproveita a aprovação verbal de Inocêncio III para considerar que as decisões do concílio não atingem seus irmãos já reconhecidos.

Para consolidar, porém, sua posição junto aos fiéis e à hierarquia, solicitou e obteve em 1216 do novo papa Honório III, como se afirmou, a indulgência de Porciúncula, isto é, a indulgência plenária para todos que visitassem o santuário no dia aniversário de sua consagração, o 2 de agosto — privilégio exorbitante que situava o oratório de Francisco no mesmo plano de Roma, da Terra Santa e de Santiago de Compostela. Isso é altamente duvidoso, porque nenhum documento digno de fé permite atestar a existência antes de 1277 dessa indulgência. É mais provável que sobre ela se tenha criado uma lenda, dada a atração precoce que o lugar exercia sobre as multidões de peregrinos.

De todo modo, Francisco dá a seus companheiros uma certa organização que o crescimento de seu nome e a extensão de sua atividade tornaram necessária. É muito difícil reunir dados precisos sobre as reuniões periódicas dos primeiros companheiros de São Francisco, às quais se deu com algum exagero o nome de "capítulo". Parece que enquanto os irmãos foram pouco numerosos Francisco lhes pedia que fossem a Porciúncula duas vezes por ano, por ocasião de Pentecostes e da festa de São Miguel. Mas quando o número dos frades cresceu e seu raio de ação se ampliou, Francisco não teve mais a possibilidade de reuni-los a não ser uma vez por ano. Provavelmente isso já se deu a partir de 1216. A reunião de 1217 reveste-se de uma importância particular: Francisco decidiu levar a pregação dos frades para fora da Itália. Seria essa a reunião que os *Fioretti* transformaram em um capítulo que é um tecido de trançados, cheio de inverossimilhanças, mas que reconstitui a assembleia em que, como numa alegre e simples quermesse rural, os frades construíram para a ocasião cabanas de pau a pique? De qualquer maneira, Francisco decidiu partir ele próprio com Frei Masseu

SÃO FRANCISCO DE ASSIS

para a França. Passando por Florença, vai saudar o cardeal Ugolino, que lá pregava pelo tempo da cruzada. Terá sido então — ou mais cedo — que o cardeal encantou-se por Francisco? É a partir desse momento que se vê Ugolino prodigalizar a Francisco e seus companheiros simultaneamente conselhos eficazes e sugestões de prudência. E, para começar, convenceu Francisco a abandonar a viagem à França. Teria esse hábil prelado temido a difusão do entusiasmo franciscano na França, ou acharia que Francisco se arriscava muito ao afastar-se de suas bases sem ter segurança quanto à retaguarda? Na verdade, os missionários que tinham deixado a Itália não tinham dado sequência a nada e foram especialmente mal recebidos na Alemanha.

Em 1219, entretanto, Francisco retoma seu velho desejo: ir aos Infiéis, convertê-los ou sofrer o martírio. Embarcado em Ancona a 24 de junho, assistiu à tomada de Damieta pelos cruzados a 5 de novembro, desgostou-se com o comportamento cúpido e sanguinário dos cruzados, conseguiu uma entrevista com o sultão Malik al-Kamil da qual nada resultou, foi à Palestina onde provavelmente visitou os Lugares Santos. Soube que cinco dos irmãos que tinham partido para o Marrocos lá tinham sofrido o martírio. Já transtornado por essa notícia, recebeu em seguida um emissário solicitando sua volta à Itália onde os Frades, em sua ausência, passavam por grave crise. No verão de 1220, embarcou de volta e no outono chegou a Veneza. Parece que foi diretamente a Roma. De qualquer modo, deu-se conta de que não podia retomar o domínio da situação se não obtivesse o apoio da cúria pontifícia e se, consequentemente, não lhe fizesse concessões. Entre as decisões tomadas de 1221 a 1223 para a reorganização de seu movimento, às vezes é difícil distinguir o que era desejo de São Francisco e o que lhe foi imposto.

Que se passou? De um lado, extremistas tinham dado livre curso a suas tendências extravagantes: tornaram-se puros vagabundos, rodearam-se de mulheres até "comer com elas, na mesma tigela", constituíram comunidades de leprosos dos dois sexos. Do outro, laxistas queriam, ao contrário, afastar-se do rigorismo construindo belas igrejas de pedra, entregando-se aos estudos e favorecendo-os, pedindo privilégios da cúria romana. Pelo menos em um caso, Francisco agiu com rigor sem esperar. Indo de Veneza para Roma, passou por Bolonha, onde Frei Giovanni di Staccia tinha estabelecido uma casa de estudos. Expulsou a todos, até os doentes, e amaldiçoou Giovanni di Staccia. Uma série de medidas foi tomada, algumas mais outras menos de acordo com seus desejos. Um ano de noviciado foi imposto a todos que quisessem daquele momento em diante entrar para a comunidade. Um representante da Santa Sé tornou-se "protetor, governador e corretor da fraternidade". Foi o cardeal Ugolino. Francisco cedeu a direção administrativa da comunidade a Pietro Cattani, que morreu logo em 10 de março de 1221 e foi substituído por Frei Elias. Enfim, tornado chefe espiritual da fraternidade, Francisco iria transformá-la em verdadeira ordem e dar-lhe uma regra de verdade que substituiria a "fórmula" de 1210.

Francisco apresentou sua regra ao "capítulo" de 1221. Tais reservas ela suscitou, tanto de uma parte dos irmãos como do representante da cúria romana, que decidiu-se submetê-la ao cardeal protetor. Enquanto isso, para enquadrar a multidão de leigos que queria entrar na Ordem e por provável sugestão de Ugolino, uma "ordem terceira" foi criada, tendo como modelo a que acabava de ser instituída entre os *Umiliati*. Essa Ordem Terceira respondia sem dúvida ao desejo de Francisco de conservar em sua fraternidade o caráter de uma pequena comunidade de puros. Segundo Tomás de Celano, ele teria

SÃO FRANCISCO DE ASSIS

suspirado: "Há muitos Menores! Ah! Virá o tempo em que o povo, em vez de encontrá-los a cada passo, lamentará vê-los muito pouco", e, segundo os *Fioretti*, ele teria dito às pessoas de Cannara que pretendiam abandonar tudo para segui-lo: "Não sejam tão apressados." Mas a Ordem Terceira, na forma como a recebeu, correspondia sobretudo aos desejos da Santa Sé de conter a onda franciscana e voltá-la para seu proveito, no sentido de fazer dela uma milícia leigo-religiosa a serviço de seus interesses espirituais e temporais. Desde dezembro de 1221, o papa Honório III utilizou os numerosos terciários [integrantes da Ordem Terceira] franciscanos de Faenza contra o partido imperial. A Ordem Terceira tornava-se um instrumento da política dos guelfos.* Não deve ter sido por acaso que a primeira comunidade da Ordem Terceira franciscana viesse a ser fundada provavelmente em março de 1221, em Florença, a cidade guelfa por excelência, quando lá estavam Francisco e o cardeal Ugolino. De todo modo, a Regra para a Ordem Terceira, seca e jurídica, redigida em 1221 e aprovada pelo papa, pouco tem da marca pessoal de Francisco. Parece que se deu nessa mesma ocasião a aprovação por Francisco do programa de ensino inaugurado naquele convento de Bolonha — do qual ele acabara de expulsar, em grande parte porque se aplicavam aos estudos, Giovanni di Staccia e seus companheiros — por um frade português, Antônio, dito de Pádua. Porém não há segurança quanto à autenticidade da carta de Francisco a Antônio sobre a qual repousa essa hipótese.

---

*Eram característicos de várias cidades da península itálica, principalmente Florença, no início do século XIII, dois partidos políticos: o dos guelfos, que apoiavam o papa e constituíam maioria entre os florentinos, e o dos gibelinos, que apoiavam o Imperador. Os nomes vêm de famílias alemãs, os guelfos dos *Welfs*, duques da Baviera, e os gibelinos dos senhores de *Weiblingen* (os Hohenstaufen, entre os quais Frederico II, imperador de 1220 a 1250). (*N. do T.*)

A *REGULA BULLATA*

Entretanto, o papa e o cardeal Ugolino tinham pedido a São Francisco que retocasse seu projeto de Regra de 1221. São Francisco recolheu-se ao eremitério de Fonte Colombo, perto de Rieti, em companhia de Frei Leão e de um frade que tinha noções de direito, Frei Bonizzo. Sem dúvida, os retoques não pareceram suficientes a Frei Elias, porque ele, a quem Francisco tinha confiado o texto, o perdeu. O santo recomeça a trabalhar na obra com Frei Leão. Trabalho difícil: Francisco estava desanimado e mesmo amargo, às vezes. Despedia sem simpatia os frades que iam importuná-lo para introduzir no texto disposições contrárias a suas intenções. Afinal, a nova Regra ficou pronta na primavera ou no verão de 1223 e, enviada a Roma, onde o cardeal Ugolino ainda a retocou, foi aprovada pelo papa Honório III pela bula de 29 de novembro de 1223, *Solet annuere.* Daí seu nome de *Regula bullata* [Regra transmitida através de bula papal]. A maior parte das citações do Evangelho da Regra de 1221 foi suprimida, como foram suprimidas as passagens líricas, em favor de fórmulas jurídicas. Um artigo que autorizava os frades a desobedecerem aos superiores indignos também foi suprimido. Da mesma forma, tudo que se referia aos cuidados a serem dispensados aos leprosos e todas as prescrições que exigiam uma pobreza rigorosa a ser vivida pelos irmãos. A Regra não insistia mais na necessidade do trabalho manual e não mais proibia que os frades tivessem livros.

Francisco, a morte na alma, aceitou essa Regra deformada. Os biógrafos chamam esse período de sua vida, do fim de 1223, de época da "grande tentação". Essa tentação era a de abandonar completamente a nova ordem, se não sua ortodoxia. A obediên-

SÃO FRANCISCO DE ASSIS

cia — obediência à Igreja, da qual ele tinha feito um preceito rigoroso — de uma hora para outra pareceu-lhe ridícula. "O homem obediente", dizia ele, segundo São Boaventura retomando uma passagem tendenciosa de Tomás de Celano, "deve ser como um cadáver que se deixa levar em qualquer direção, sem protestar. Revestido de púrpura, apenas parece mais lívido; se o sentam numa cátedra como um doutor, longe de levantar a cabeça, deixa-a cair sobre o peito."

Depois ele se resignou e se tranquilizou: "Pobre homenzinho", disse-lhe o Senhor, "por que se entristecer? Tua ordem não é a minha ordem? Não sou eu que ela tem como pastor supremo? Deixa-te então de afligir-te e cuida antes de tua própria salvação."

Assim Francisco, a partir daí, veio a considerar sua própria salvação como independente da ordem criada por ele, e definitivamente apesar dele. Encaminhou-se serenamente para a morte.

PARA A MORTE

Tomás de Celano dividiu sua *Vita prima* de São Francisco em duas partes, cronologicamente muito desproporcionais. A segunda parte, de fato, não cobre mais do que os dois últimos anos da vida de Francisco, de 1224 a 1226. Francisco está então retirado do mundo antes que a última doença o faça reaparecer. "Abandonou", segundo as palavras do biógrafo, "as multidões seculares que a cada dia acorriam cheias de devoção para ouvi-lo e vê-lo." Tomás de Celano terminou então sua primeira parte com uma longa nota de doçura e suavidade.

O amor de Francisco nesse trecho transborda, no sentido dos pobres dos quais ele leva sobre os ombros os feixes de lenha e os fardos, no sentido dos animais — até mesmo as serpentes, mas sobretudo no sentido das ovelhas e dos cordeiros que ele impede de vender e de matar, salvando-os pela doação de seu manto, no sentido, enfim, de todas as criaturas; dos vermes e das abelhas até as colheitas e as vinhas, as flores, as florestas, as pedras e os quatro elementos. E a famosa cena do presépio de Grécio coroa esse final lírico.

Podemos achar, no fim da vida de Francisco, outros movimentos e uma outra orquestração. Depois da "grande tentação", uma longa quietude em que se alternam e se misturam episódios de ternura transbordante e de sofrimento sublimado conduz Francisco, através de uma lenta e interminável agonia, a seu último suspiro.

O primeiro episódio é do Natal de 1223. Francisco atende ao convite de um daqueles nobres que ficaram impressionados com ele, Giovanni Velita, senhor de Grécio. Vai celebrar o Nascimento de Cristo em meio a grutas e eremitérios no alto de uma montanha escarpada. Pede a um amigo da montanha para reconstituir a manjedoura de Belém, de acordo com a inspiração de sua imaginação poética. "Quero lembrar a criança que nasceu em Belém e ver com meus olhos carnais as dificuldades de sua infância pobre, como ele dormiu na manjedoura, e como, entre o boi e o burro, deitaram-no sobre o feno." De todas as partes, na noite de Natal, homens e mulheres das vizinhanças sobem a montanha de Grécio com tantas velas e tochas que a noite ali ficou toda iluminada. Eles cantam, a floresta carrega suas vozes, os rochedos as repercutem. Celebra-se a missa. O santo de Deus está perto da manjedoura, canta o Evangelho, prega "com sua voz veemente, com sua voz doce, com sua voz

SÃO FRANCISCO DE ASSIS

clara, com sua voz sonora". Anuncia as recompensas eternas. Um homem entre os assistentes tem uma visão: subitamente vê o menino deitado na manjedoura e Francisco se debruçar sobre ele para acordá-lo. Grécio se tornou uma nova Belém. Francisco, depois de ter passado o inverno e a primavera de 1224 em Grécio, foi a Porciúncula para o capítulo geral de junho, o último a que assistiu, depois ganhou um novo retiro, o de Alverne. Só levou consigo alguns frades, os mais caros a seu coração, "os três companheiros" Leão, Ângelo e Rufino, além deles Silvestre, Iluminado, Masseu e, talvez, Bonizzo. Recolhido com eles à solidão, deixa-os frequentemente para retiros solitários. Abandona-se à contemplação. Um dia, abre ao acaso o único livro que lia e que levava consigo, o Evangelho, e cai na narrativa da paixão de Cristo. Num outro dia, talvez 14 de setembro, teve sua última visão: um homem com seis asas como um serafim, braços abertos e pés juntos, fixados sobre uma cruz. E como meditasse sobre essa visão, fundas feridas sangrentas formaram-se sobre suas mãos e sobre seus pés, e uma chaga aparece em seu lado. Francisco terminou sua caminhada à imitação de Cristo. É o primeiro estigmatizado do cristianismo, "o servo crucificado do Senhor crucificado". O fato o torna tão confuso quanto recompensado. Ele procura esconder seus estigmas, envolvendo pés e mãos com ataduras. Enquanto viveu, segundo Tomás de Celano, só Frei Elias os viu e Frei Rufino os tocou. Quando morreu, os que o cercavam precipitaram-se sobre seu corpo e o número dos que afirmaram ter visto os estigmas de Francisco não parou de crescer durante todo o século XIII.

Sentindo-se confirmado em sua missão pelos estigmas, Francisco retoma no outono de 1224 suas viagens, montado num jumento. Mas suas doenças pioram. Ele fica quase cego e sofre terríveis dores de cabeça. Santa Clara, a quem ele volta a visitar em San Damiano, o retém por algumas semanas ali para cuidar dele. O próprio Francisco constrói uma choupana de vime no jardim e nela desfruta de um de seus últimos períodos de paz terrestre. Gosta-se de pensar que foi lá que ele compôs o cântico do irmão Sol, o cântico de todas as criaturas. Frei Elias consegue convencê-lo a consultar os médicos do papa, então instalado em Rieti. E o acompanha como uma verdadeira mãe segundo Tomás de Celano, como um vigia de acordo com muitos historiadores. Em Rieti, Francisco ficou hospedado ora no palácio episcopal, ora, como atesta a *Legenda antiqua*, na casa de "Tabaldo, o Sarraceno,"* provavelmente um médico muçulmano do papa. A ciência dos sábios é inútil, Francisco vai de mal a pior. Os frades de Sena o chamam para lá, afirmando que poderão cuidar dele e talvez curá-lo. Seu estado, ao contrário, piora a tal ponto que ele lhes dita seu testamento (esse sobre o qual Tomás de Celano não diz uma palavra) e que Frei Elias corre para lá. Francisco melhora. Então deixa Sena com Frei Elias para o eremitério das Celle, perto de Cortona. Mas, lá, a doença assume uma tal violência que Francisco pede para ser levado de volta a Assis, e, mais precisamente, a Porciúncula. Era, porém, desejo de Frei Elias que Francisco morresse em Assis, berço do franciscanismo, e havia assim um grande perigo se ele se demorasse em Porciúncula. Nesse início do século XIII, de fato, a mentalidade e o comportamento das multidões e dos indivíduos a respeito das personagens reputadas como santas não tinham mudado nada desde o fim do século IV: nessa época, os habitantes de Tours roubaram o cadáver de São Martinho das gentes de Poitiers; no fim do século X, os catalães pensaram

---

*Segundo algumas obras sobre São Francisco traduzidas para o português, o nome seria "Tedaldo". (*N. do T.*)

SÃO FRANCISCO DE ASSIS

em matar São Romualdo doente para guardar-lhe as relíquias. Em torno de Francisco moribundo cria-se a vigília da cobiça em busca do santo cadáver. O grande medo dos habitantes de Assis era quanto a seus inimigos tradicionais, os de Perúsia. Ora, Porciúncula, na planície, está muito perto de Perúsia. Carrega-se então o moribundo para dentro das muralhas, no palácio episcopal, onde Francisco estará guardado simultaneamente dos perusinos e dos franco-atiradores da religião. Acontece que Francisco nunca se sente à vontade nos palácios da Igreja. Consegue, enfim, que o transportem para Porciúncula. Lá é vigiado pelos frades e guardado por grupos de homens de Assis armados, que se revezam. Francisco alcança os últimos gestos da imitação de Cristo dos quais, antecipadamente, recebeu, através dos estigmas, a marca final. A 2 de outubro, reproduz a ceia. Benze e parte o pão e o distribui a seus irmãos. No dia seguinte, 3 de outubro de 1226, recita o *Cântico do irmão Sol*, lê a Paixão no Evangelho de João e pede que o depositem na terra sobre um cilício coberto de cinzas. Nesse momento um dos irmãos vê de repente sua alma, como uma estrela, subir direto ao céu. Tinha quarenta e cinco ou quarenta e seis anos.

A partir daí tudo ocorre muito rapidamente. A corrida sobre o corpo para ver os estigmas e tocar a santa relíquia. O funeral — simples ainda —, a 4 de outubro. Depois de uma parada em San Damiano onde Santa Clara cobre de lágrimas e de beijos o corpo de seu celeste amigo, o enterro provisório em San Giorgio. Depois, a 17 de julho de 1228, menos de dois anos passados da morte de Francisco, a canonização decidida pelo papado que, entretanto, não tem o hábito de se apressar, mas que teve pressa para acabar com as controvérsias sobre esse santo ainda inquietante: é verdade que o papa agora é o cardeal Ugolino, chamado Gregório IX, que presta a seu protegido uma homenagem em que se misturam a veneração e a intenção política. Depois, no

JACQUES LE GOFF

dia 25 de maio de 1230, dá-se a injúria da inumação na basílica antifranciscana que Frei Elias mandou construir com ostentação. A última traição será a insuportável Basílica de Santa Maria dos Anjos com a qual o catolicismo pós-tridentino cobrirá e sufocará, a partir de 1569, a humilde e autêntica Porciúncula.

AS OBRAS E A OBRA

São Francisco não escreveu muito. Mesmo se tivéssemos a primeira Regra, as cartas e os poemas perdidos, todas as suas riquezas caberiam num pequeno volume. A edição delas que nos deram os franciscanos de Quaracchi está dividida em três partes: I) as *Admonições* e as Regras; II) as cartas; III) as orações. Sob o pretexto de só publicar as obras em latim, os padres de Quaracchi mutilaram a obra escrita de São Francisco de Assis de uma obra-prima essencial, o *Cântico do irmão Sol*, escrito em italiano. Por isso será melhor aperfeiçoar e completar essa apresentação como o fizeram, em italiano, Vittorio Facchinetti e Giacomo Cambell (I. *Legislazione Serafica*; II. *La direttive del Padre*; III. *La corrispondenza di un santo*; IV. *Inni e preghiere,* incluído *Il cantico di frate Sole*) e, em francês, Alexandre Masseron (I. *Le législateur*; II. *Le messager*; III. *L'ami*; IV. *Le Saint en prière*; V. *Le Poète*).* É preciso, em francês, utilizar de hoje em diante a edição dos padres Théophile Desbonnets e Damien Vorreux.[11]

---

*A sequência italiana entre parênteses é a seguinte: I. *Legislação Seráfica*; II. *As diretrizes do Pai*; III. *A correspondência de um santo*; IV. *Hinos e orações*, incluído o *Cântico do irmão Sol*. A sequência francesa: I. *O legislador*; II. *O mensageiro*; III. *O amigo*; IV. *O Santo em oração*; V. *O Poeta*. (N. do T.)

[11]*Saint François d'Assise. Documents, écrits et premières biographies*, Paris, 1968. Ver o Suplemento Bibliográfico, no fim do volume.

SÃO FRANCISCO DE ASSIS

Mas, sob a diversidade de suas formas exteriores, todos esses opúsculos são apenas contribuições a uma mesma obra: a formação espiritual de seus frades e, por consequência, a comunicação de uma mensagem à humanidade. Francisco não foi um escritor, mas um missionário que completou com alguns escritos uma mensagem da qual tinha transmitido o essencial pela palavra e pelo exemplo.

Entre a Regra de 1221, que não foi aprovada, e aquela, ainda em vigor hoje entre os Frades Menores, confirmada em 1223 por uma bula pontifícia, há diferenças das quais resumiremos o essencial e a contenção em doze artigos secos de um texto de vinte e três artigos rico em citações evangélicas e em efusões.

O exórdio afirma a necessidade para os Menores de respeitar os três votos, de obediência, de pobreza e de castidade. A finalidade a que estão destinados consta da primeira Regra, "seguir o ensinamento e o exemplo de N. S. Jesus Cristo" e, mais abstratamente, da segunda, "observar o santo Evangelho de N. S. Jesus Cristo". Os ministros-gerais da Ordem obedecerão ao papa, os frades obedecerão aos ministros-gerais.

Seguem-se as condições para a entrada na Ordem, o ano de noviciado, a entrega dos bens pessoais aos pobres, a descrição do hábito: uma túnica com capuz, uma sem capuz, um cinto, uma ceroula, tudo de pano grosseiro. A segunda regra acrescenta a essa lista calçados, em caso de necessidade.

Reduz-se a *opus Dei*. Para os sacerdotes, o ofício divino e o breviário, para os leigos vinte e quatro *Pai-Nossos* pelas matinas, cinco nas laudes, sete por ocasião das prima, tércia, sexta e noa, doze nas vésperas e sete pelas completas;* há ainda

---

*Matinas, laudes, prima, tércia ou terça, sexta e noa, vésperas e completas são as chamadas horas canônicas do ofício divino, nas quais em princípio os frades ou qualquer religioso membro de comunidade tinham obrigação de recitar em conjunto, no coro. (*N. do T.*)

a oração pelos defuntos. A proibição de possuir outros livros além do breviário e do saltério — claro, só para os que sabem ler — desaparece na segunda Regra. Dos dois jejuns impostos pela primeira Regra, de Todos os Santos ao Natal, da Epifania à Páscoa, o segundo fica reduzido na segunda Regra, quando passa a resumir-se à quaresma, tornando-se facultativo no tempo que vai da Epifania à quaresma. Acrescenta-se o jejum das sextas-feiras. Mas todo tabu alimentar fica proscrito.

As relações entre os ministros e os outros frades tornam-se a um tempo mais sucintas e mais restritas na segunda Regra. O dever de desobediência dos frades quando os ministros ordenassem alguma coisa contrária à regra ou à consciência, "porque não há desobediência no caso em que se vai cometer crime ou pecado" (*quia illa obedientia non est, in qua delictum vel peccatum committitur*), desaparece, assim como a proibição de chamar alguém *priore*, pois todos deviam tratar-se como *frati minori*. Os ministros não deverão ordenar aos frades o que seja contrário ao bem de sua alma ou à regra, mas os frades estão obrigados a uma completa obediência diante deles. Desaparece também a obrigação para todos, ministros e frades, de lavarem-se os pés uns aos outros.

A proibição absoluta de receber dinheiro é mantida, mas sem a litania de precisões e maldições do primeiro texto, e se acrescenta a possibilidade para os ministros e custódios de receber através da intermediação de *amici spirituali* algum com que cuidar dos doentes e vestir os frades "segundo os lugares, os tempos e as regiões frias" (*secondo i luoghi, i tempi ed i paesi freddi*).

As prescrições referentes ao trabalho também estão suavizadas. Não se exige mais o trabalho de todos, ele só é permitido aos irmãos "aos quais o Senhor concedeu a graça do trabalho" (*cui il*

SÃO FRANCISCO DE ASSIS

Signore ha concesso la grazia del lavoro). A mendicância é própria dos maltrapilhos: é "o ápice sublime dessa altíssima pobreza que fez de vós, meus caríssimos irmãos, herdeiros e reis do reino dos céus" (*la vetta sublime de quell'altissima povertà, che ha fatto voi, fratelli mici carissimi, eredi e re del regno dei cieli*). Mas está privada do contexto que, na primeira Regra, dava todo sentido à sua prática. Esse contexto era duplo: social e apostólico. De um lado, a mendicância punha concretamente os frades entre os pobres: "Eles devem estar felizes por se acharem entre pessoas de baixa condição e pelas quais não se tem consideração, entre os pobres e os fracos, os doentes, os leprosos e os que mendigam na estrada" (*E debbono essere felici quando si trovano tra gente dappoco e tenuta in nessun conto, tra i poveri e i deboli, gli infermi, i lebbrosi e i mendicanti della via*). Todo esse cortejo de pobres involuntários que dá um sentido à pobreza voluntária desaparece do segundo texto. Como desaparece a referência cristológica e apostólica que dizia de Jesus: "e ele foi pobre e peregrino e viveu de esmolas ele próprio e com ele a Santa Virgem e seus discípulos" (*e fu povero e pellegrino e visse di elemosine lui stesso e con lui la beata virgine ed i suoi discepoli*), dando lugar a uma vaga alusão à pobreza de Cristo: "o Senhor por amor de nós fez-se pobre ele próprio neste mundo" (*il Signore per amor nostro si fece egli stesso povero in questo mondo*). De todas as recomendações sobre a pobreza em viagem ("Quando os irmãos se vão pelo mundo, que nada levem para a viagem, nem bolsa, nem alforje, nem dinheiro, nem cajado", *Quando i frati vanno per il mondo, non portino nulla per il viaggio, nè borsa, nè bisaccia, [nè pane], nè denaro, nè bastone*) só resta a proibição de ir a cavalo, salvo em caso de doença ou de necessidade grave.

As condições da eleição do ministro-geral, dos ministros provinciais e dos custódios, e a convocação do capítulo geral de

Pentecostes, normalmente a cada três anos, estão precisamente definidas, mas, em compensação, os eleitores podem depor um ministro-geral que se tenha demonstrado impróprio para cumprir sua função e para a utilidade comum dos irmãos.

A pregação, ordenada a todos os irmãos na primeira Regra, está estritamente regulamentada na segunda. Não pode ser feita senão nas dioceses em que os bispos a autorizem. Deve ser subordinada a um exame e a uma licença dada pelo ministro-geral. Deve se limitar a falas curtas e só pode tratar de assuntos morais e edificantes — não de teologia, de dogma e de assunto dependente da jurisdição eclesiástica, "para a utilidade e edificação do povo, falando-lhe dos vícios e das virtudes, do castigo e da glória, com a brevidade de um sermão" (*per utilità e edificazione del popolo, parlando loro dei vizi e delle virtù, della pena e della gloria, con brevita di sermone*).

As condenações detalhadas e severas referentes a frequentar mulheres e à fornicação foram substituídas por um breve artigo proibindo os irmãos principalmente de entrarem, salvo permissão especial, nos mosteiros de monjas.

O longo artigo relativo à missão — recomendadíssima entre os mouros e outros infiéis — está reduzido a quatro linhas aconselhando os ministros a não darem essa permissão a não ser com muita prudência, e a segunda Regra termina pela menção do cardeal nomeado pelo papa para a Ordem, "como governador, protetor e corretor dessa irmandade" (*come governatore, protettore e correttore di questa fraternità*). Na última linha, porém, São Francisco pôde citar "o Santo Evangelho de Nosso Senhor Jesus Cristo" (*il santo Vangelo del Signor Nostro Gesù Cristo*).

A esses dois textos essenciais é preciso juntar as *Admonições*, o *Della religiosa abitazione nell'eremo* ("Sobre a habitação religiosa na solidão"), o *Testamento* e o *Pequeno Testamento*.

SÃO FRANCISCO DE ASSIS

As vinte e oito *Admonições* são pequenos trechos espirituais muito simples resumindo o ensinamento da prática da vida religiosa que Francisco dava oralmente a seus irmãos e que não tinha encontrado espaço na Regra, sendo mais recomendações do que prescrições obrigatórias. É um pequeno tratado do bom e do mau religioso — ou, como o chamaram, "o sermão da montanha de São Francisco".

O texto sobre a vida dos irmãos nos eremitérios também complementa a Regra, quase muda em relação a esses retiros na solidão que correspondiam a uma tradição eremítica assumida e praticada por Francisco e pela maior parte de seus companheiros. Regula sobretudo as relações entre vida ativa e vida contemplativa durante esse retiros. Em grupos de três ou quatro, os irmãos deviam se dividir em duas "mães" levando a vida ativa de Marta, e um ou dois "filhos" levando a vida contemplativa de Maria Madalena.

O *Testamento*, provavelmente escrito em Sena durante o inverno de 1225-1226, é um texto capital. Francisco quis fazer dele um complemento da Regra e dar-lhe do mesmo modo força de lei na Ordem, o que o papa Gregório IX apressou-se a anular a partir de 1230 com a bula *Quo elongati*. Francisco parece ter buscado nele reintroduzir um certo número de princípios ou de prescrições que tinham sido retirados ou suavizados na Regra de 1223. Foi dito que, como se adivinhasse que suas intenções não seriam respeitadas, Francisco pôs nesse texto "uma tristeza dilacerante na qual se sente que perpassa mesmo como que um toque de desespero". Se Francisco lembra aí sua veneração pelas igrejas, sua fé nos sacerdotes, incluídos aí os teólogos, também evoca o papel decisivo dos leprosos em sua conversão, a inspiração que recebeu só de Deus para definir seu ideal, a obrigação do trabalho manual, a necessidade de não demorar-se "senão como estrangeiro e peregrino" nas pobres igrejas e conventos, a proibição absoluta de pedir privilégios à cúria romana, o dever estrito de seguir a Regra e o *Testamento* sem nada a esses textos acrescentar nem cortar, sem neles incluir nenhum comentário.

Por fim, o *Pequeno Testamento*, ditado por São Francisco a Frei Bento em abril de 1226, depois de abençoar "todos os meus irmãos que estão na Ordem e que nela entrarão até o fim do mundo" (*tutti i mici frati i quali sono nell'Ordine e che vi entreranno fino alla fine del mondo*), lembra os três princípios essenciais: o amor entre todos os irmãos da Ordem, o respeito de "nossa senhora a Santa Pobreza" (*nostra signora la Santa Povertà*), a obediência à "Santa Madre Igreja" (*Santa madre Chiesa*).

O que resta das cartas, mesmo se nos restringirmos àquelas que são seguramente autênticas, testemunha a atividade epistolar de Francisco para com seus próximos, para com a Ordem, para todos os cristãos. Das cartas aos amigos resta uma carta a Frei Leão. "Digo-o, meu filho, como uma mãe, resumo em uma palavra e um conselho todas as palavras que dissemos pela estrada; e não é necessário que depois venhas me pedir conselho, porque fica aqui a opinião que te dou: qualquer que seja a maneira que te pareça melhor de agradar a Deus e seguir seus passos e sua pobreza, faça-o com a bênção de Deus e me obedecendo. Mas se isso é necessário para tua alma e tua consolação e se quiseres, Leão, vir a mim, que venha."[12]

---

[12]"*Cosi ti dico, figlio mio, come madre, che tutte le parole che dicemmo per via brevemente raccolgo in questa parola e consiglio; e non è necessario che tu venga ulteriormente a me per consiglio, perchè così io ti ammonisco: 'In qualunque modo ti sembra si meglio piacere al Signore e di seguire i suoi passi e la sua povertà, fatelo con la benedizione di Dio e con la mia obedienza. Ma se ti é necessario per la tua anima o per tua consolazione, e vuoi, o Leone, venire da me, vieni pure.'*"

SÃO FRANCISCO DE ASSIS

Foi ainda destinado a Frei Leão um documento excepcional, um pergaminho autógrafo de Francisco conservado no Sacro Convento de Assis, contendo de um lado os *Louvores de Deus*, de outro a *Bênção de Frei Leão* com o sinal de um tau — Francisco o escreveu em setembro de 1224 no Monte Alverne. Uma outra carta amigável é aquela que ele enviou pouco antes de sua morte, pedindo-lhe que se apressasse se quisesse vê-lo ainda vivo, à única figura feminina que, com Santa Clara, aparece em sua vida, essa nobre dama romana Giacomina dei Settesogli, que ele chamava de *"frate Giacomina"** e que lhe fazia um bolo de amêndoas que ele gostava de comer quando esteve doente em Roma.

As cartas a respeito da atividade da Ordem compreendem uma carta de obediência pela qual ele ordena a Frei Agnelo de Pisa que vá à Inglaterra para lá exercer o ofício de ministro; uma carta a um ministro falando-lhe de problemas referentes à Regra sobre os quais ele devia refletir antes do capítulo de Pentecostes; e uma carta ao capítulo geral e a todos os irmãos contendo, além de sua confissão de ter pecado "seja por negligência, seja por causa de minha doença, seja porque sou ignorante e iletrado" (*sia per negligenza, sia a cagione della mia infermità, sia perchè sono ignorante e illeterato*), prescrições

---

*Há traduções de livros sobre São Francisco que adaptam o nome dessa senhora romana para "Jacoba" ou, no doce tratamento que lhe dava o santo, "Frei Jacoba". Como entretanto não há ocorrência do feminino de Jacó na antroponímia de língua portuguesa e a forma parece rebarbativa mesmo aos ouvidos menos sensíveis, preferimos ficar com o original italiano (melhor do que "Jacoba" seria talvez "Jacobina", mas nem esse ocorre em nossa língua: o nome próprio geográfico Jacobina, cidade baiana, nada tem com o hebraico Jacó, vem do tupi *ia iua a'pina*, isto é, terra que tem cascalho limpo, jazidas de cascalho descoberto, segundo Teodoro Sampaio, *apud* Antenor Nascentes, *Dicionário Etimológico da Língua Portuguesa*, Tomo II, *Nomes Próprios*). Note-se ainda que o sobrenome de "Frei Giacomina", segundo outros autores, é "Settesoli" e não como o grafa Jacques Le Goff. (*N. do T.*)

acerca da Eucaristia, da missa, da Sagrada Escritura e do canto no qual é preciso consagrar-se não "à melodia da voz mas à conformação com o espírito" (*alla melodia della voce ma alla rispondenza della mente*).

A correspondência para a cristandade compreende uma carta para todos os clérigos e uma para todos os fiéis. A primeira, cujo texto provém do mosteiro de Subiaco, com o qual São Francisco se relaciona tanto por seu gosto pelo eremitismo como por seu desejo de ligar-se a uma tradição beneditina autêntica, convoca os clérigos ao respeito ao santo sacramento. A segunda, muito longa, é um apelo à penitência. O quadro impressionante nela descrito do moribundo impenitente entre seus parentes e amigos, que fingem chorar mas têm pressa de se apoderarem de sua fortuna, revela, a par com o talento satírico do santo, o surgimento de um tema que se vai consagrar no fim da Idade Média.

Os hinos e as preces não são menos reveladores de um aspecto ainda mais profundo do gênio do santo: sua sensibilidade poética e lírica. As *Laudes do Senhor*, a *Saudação das virtudes* e a *Saudação à Bem-Aventurada Virgem*, o *Ofício da Paixão do Senhor* testemunham o sentido litúrgico de Francisco, sua necessidade de acabar em efusão sua meditação ou sua contemplação, centros de sua devoção: o Senhor como Criador todo-poderoso, o Cristo como Crucificado, a Virgem como Dama do Senhor, "seu palácio, sua serva e sua mãe", as virtudes como as Santas Damas da religião: santa Sabedoria, pura e santa Simplicidade, santa Pobreza, santa Humildade, santa Caridade, santa Obediência. Mas essa contribuição de São Francisco à poesia espiritual tão característica do século XIII fica eclipsada por sua obra-prima lírica, o *Cântico do irmão Sol*. Este poema, graças ao qual a poesia italiana se inaugura por uma maravilha, foi

SÃO FRANCISCO DE ASSIS

chamado por Renan "a mais bela obra de poesia religiosa desde os Evangelhos". Resume todo o amor de Francisco por toda a criação. Depois de ter espalhado por toda parte seu amor pelas criaturas vivas, homens e animais, ele canta seu amor pelas criaturas inanimadas, às quais dá vida e alma, até a "nossa irmã a morte". Ele fez com que Frei Ângelo e Frei Leão a cantassem em Porciúncula, quando sentiu que ela se aproximava.

SÃO FRANCISCO MEDIEVAL OU MODERNO?

A novidade da mensagem de Francisco, a novidade de seu estilo de vida e de apostolado abalaram em primeiro lugar seus contemporâneos. Se se achar que Tomás de Celano, levado a insistir sobre essa originalidade de um santo do qual ele era discípulo — e de uma ordem à qual ele pertencia — e do qual tinha sido encarregado, de certo modo, de fazer a publicidade, pôde exagerar nesse sentido, pensemos que, numa época em que a tradição era, ao contrário, um valor essencial e em que a novidade escandalizava, foi preciso que ele sentisse um forte impulso para pôr assim em relevo a novidade de Francisco e de sua ação: "Em um tempo em que a doutrina evangélica era estéril, não apenas em sua terra mas em todo o universo, ele foi enviado por Deus para dar através do mundo inteiro, como os Apóstolos, testemunho da verdade. Ele provava com evidência por seu ensinamento que toda sabedoria do mundo é apenas loucura e em pouco tempo, guiado por Deus, reconduziu os homens à verdadeira sabedoria de Deus. O *novo* evangelista de nossa idade espalhou por todo o universo, como um rio do Paraíso, as águas vivas do Evangelho e pregou por seu exemplo o caminho do filho de Deus e a doutrina da verdade. Nele e por ele o universo conheceu um reerguimento inesperado e uma re-*novação* de santidade (*sancta novitas*), a semente da antiga religião *renovou* logo um mundo envelhecido na rotina e na tradição. Um espírito *novo* foi insuflado no coração dos eleitos e a unção da salvação se espalhou no meio deles, quando, como uma estrela, o servo e santo do Cristo iluminou-os com um *novo* rito e *novos* sinais. Por ele os antigos milagres foram *renovados* e no deserto deste mundo, seguindo uma tradição antiga mas por uma ordem *nova*, uma vinha fecunda foi plantada" (*Vita prima*, 89).

Os historiadores do fim do século XIX e os do século XX fizeram coro e exaltaram a *modernidade* de São Francisco, iniciador do Renascimento e do mundo moderno. O francês Émile Gebhart, em *L'Italie mystique* ["A Itália mística"] (Paris, 1906), associava Francisco de Assis a Frederico II, e via nesses dois primeiros grandes *modernos* da Idade Média aqueles que, cada um em sua esfera, libertaram a Itália e a Cristandade do desprezo do mundo, da obsessão do Diabo, do peso do Anticristo. Francisco era o *libertador*: "Os traços distintivos da religião franciscana, a liberdade de espírito, o amor, a piedade, a serenidade alegre, a familiaridade formarão, por muito tempo, a originalidade do Cristianismo italiano, tão diferente da fé farisaica dos bizantinos, do fanatismo dos espanhóis, do dogmatismo escolástico da Alemanha e da França. Nada daquilo que, um pouco por toda parte, ensombreceu ou estreitou as consciências, nem a metafísica sutil, nem a teologia refinada, nem as inquietudes da casuística, nem o excesso da disciplina e da penitência, nem o extremo escrúpulo da devoção, pesará daí em diante sobre os italianos."

SÃO FRANCISCO DE ASSIS 103

Há um domínio em que se considera que a influência de São Francisco, de sua sensibilidade, de sua devoção tenha sido decisiva e tenha levado o Ocidente aos caminhos novos do modernismo: a arte. A sacudidela franciscana teria sido a origem do Renascimento. O alemão Henry Thode sustentou isso em 1885, num livro que marcou época: *Franz von Assisi und die Anfange der Kunst der Renaissance in Italien* ("Francisco de Assis e os primórdios da arte do Renascimento na Itália"). Francisco teria dramatizado a religião cristã e desempenhado um papel decisivo no desenvolvimento das *Lodi* ["Loas" ou "Cânticos de louvor"] e das *Sacre Rappresentazioni* ["Autos"]. Teria espalhado o gosto pelas pequenas histórias moralizantes, os *exempla*, donde a referência na pintura a historinhas e à vida do dia a dia. Teria descoberto a natureza sob a sua forma sensível e através dele teriam sido introduzidos na iconografia o retrato e a paisagem. Dele viriam na arte o realismo e a narrativa.

Porém um exame mais atento mostrou que a maioria das correntes cuja origem costumava-se ligar a São Francisco tinham uma fonte anterior a ele. Se se considerarem os temas precisos, percebe-se, na virada do século XII para o século XIII, nos crucifixos pintados a passagem da figura do Cristo glorioso à do Cristo doloroso, o retrocesso da Virgem majestosa diante da Virgem maternal, a tendência da iconografia dos santos a se desviar das figuras estereotipadas e dos atributos simbólicos para se ligar à verdade da biografia e das feições. Desde 1215, o Paliotto de Berardenga* na Pinacoteca de Sena

---

*Pela palavra italiana *paliotto* designam-se os ornamentos específicos dos altares ou dos retábulos, de um modo geral — pelo menos os mais famosos — em ricos materiais, como ouro e prata, embora os haja também mais modestos, como pinturas simples. (*N. do T.*)

conta em seis pequenos painéis a história da Cruz, em torno de um Cristo sentado num trono. Da mesma forma, os historiadores ficaram impressionados com a novidade do tipo de santo imposto por Francisco a seus contemporâneos e sensível desde a *Vita prima* de Tomás de Celano, na qual, ao lado da descrição do homem interior de Francisco, está descrito, com um realismo altamente preciso e detalhado, o homem exterior, quer dizer, um Francisco sob uma aparência física se opondo à beleza tradicional do santo grande e louro — cânon estético inspirado no cavaleiro nórdico. Francisco, descrito na *Vita prima* como "de talhe médio, quase pequeno, a cabeça média e redonda, a face alongada, a testa chata e pequena, os olhos médios, negros e ingênuos, os cabelos muito escuros, as sobrancelhas retas, o nariz pequeno e retilíneo, as orelhas retas porém pequenas, as têmporas achatadas, os dentes bem arranjados, iguais e brancos, os lábios finos, a barba negra, o pelo desigual, o pescoço fino, os ombros retos, os braços curtos, as mãos pequenas, os dedos afilados, as unhas longas, as pernas finas, a pele delicada, descarnada (...)". No único retrato contemporâneo de Francisco, o de Subiaco, pintou-se mais o homem interior, segundo os cânones da beleza tradicional,[13] enquanto aquele, posterior, de Grécio lembra bem o homenzinho escuro que devia falar para seduzir as multidões, aquele "franguinho preto" ao qual ele próprio se compara. Esse Francisco de pobre aparência é o que se tem nos *Fioretti*, mendigando sem sucesso com Frei Masseu: "Porque São Francisco era homem de aspecto muito desprezível e pequeno no tamanho, e que por esse motivo passava por um vil

---

[13]A menos que os cabelos louros e os olhos azuis venham de uma restauração infiel do século XIX.

SÃO FRANCISCO DE ASSIS

pobrezinho para quem não o conhecia, só conseguia pequenos bocados e restos de pão seco; mas a Frei Masseu, porque era um homem grande e de imponência, davam-se muitos grandes e bons nacos, e pães inteiros." Mas esse retrato realista de um santo já está amplamente esboçado, mais de meio século antes, na *Vida de São Bernardo*, na qual o homem exterior, sem ser objeto de tanta atenção como o homem interior, é no entanto descrito sem complacência.

Quanto ao resto, Francisco combina bem com as tendências essenciais da sensibilidade gótica, preocupada com realismo, com luz, com delicadeza. Se não criou essa sensibilidade, Francisco a favoreceu e a reforçou. No *Cântico do irmão Sol*, apesar de uma alusão ao simbolismo do sol, imagem de Deus, é no sensível, na beleza material que são vistos e amados em primeiro lugar as estrelas, o vento, as nuvens, o céu, o fogo, as flores, a relva. O amor que Francisco lhes trouxe transmitiu-se aos artistas que, daí em diante, querem representá-los *fielmente*, sem deformá-los nem torná-los grosseiros sob o peso de símbolos alienantes. A mesma coisa ele fez com os animais, que de simbólicos tornaram-se reais.

Portanto, se São Francisco foi moderno, é porque seu século o era. E isso não é diminuir nem sua originalidade nem sua importância, mas constatar, como o fez admiravelmente Luigi Salvatorelli, que ele "não surgiu como uma árvore mágica no meio de um deserto", mas que é o produto de um lugar e de um momento, "a Itália comunal em seu apogeu".

Nesse contexto, três fenômenos são decisivos para a orientação de Francisco: a luta das classes, a ascensão dos leigos e o progresso da economia monetária.

O que o chocou muito cedo foi a dureza e a frequência das lutas sociais e políticas das quais ele próprio participaria antes de sua conversão. As lutas entre partidários do papa e partidários do Imperador, entre cidades, entre famílias só fazem amplificar e exasperar as oposições entre grupos sociais. Francisco que, filho de comerciante, situa-se entre as camadas populares e a nobreza, ligado ao povo segundo o nascimento, porém próximo da aristocracia pela fortuna, a cultura e o gênero de vida, é particularmente sensível a essas fragmentações. Quer ser sempre humilde em relação a seus superiores, mas também em relação a seus iguais e a seus inferiores. Desse modo é que ele recebe a observação defensiva de um trabalhador rural que está para começar o trabalho em seu campo que Francisco atravessa montado num burrinho: o camponês o exorta a não decepcionar a confiança que muitos punham nele e a ser tão bom quanto se dizia que ele era. Francisco desce do burrinho, beija os pés do camponês e agradece a ele por sua lição.

Numa situação oposta, ele adivinha os pensamentos de Frei Leonardo, que caminha a seu lado, enquanto ele vai montado num burrinho. Frei Leonardo vai dizendo a si mesmo: "Seus pais e os meus não desfrutavam da mesma situação. E eis que ele cavalga enquanto eu vou a pé e conduzo seu burrinho." Francisco imediatamente apeia do burrinho e lhe diz: "Meu irmão, não convém que eu cavalgue e que tu andes a pé, pois no século eras mais nobre e mais poderoso do que eu." Seu objetivo, então, era superar essas divisões sociais dando em sua ordem o exemplo de igualdade e nos contatos com os homens o de redução à camada mais baixa, a dos pobres, dos doentes e dos mendigos. E, especificamente quanto à sociedade secular, o que ele buscou foi devolver-lhe a paz, ser um pacificador. Aos perusinos, sempre prontos a assaltar seus

SÃO FRANCISCO DE ASSIS

vizinhos, predisse que as disputas internas os devastariam e que esse julgamento de Deus os forçaria de maneira sangrenta a reencontrar esse bem supremo, a concórdia, a *unitas* [unidade]. Da mesma forma, em Bolonha, no dia 15 de agosto de 1222, segundo Thommaso da Spalato,* testemunha da cena: "Seu discurso nada tinha do tom ou das maneiras de um pregador; parecia mais uma conversação e visava apenas extinguir os ódios e reintroduzir a paz. Seu traje de orador era miserável, raquítico seu aspecto, seu rosto sem beleza; mas sua palavra conseguia nada menos do que reconciliar os nobres bolonheses, que desde gerações e gerações não paravam de se matar entre si." Na casa em que entra, começa por dizer: "Paz para esta casa", e na sua carta a todos os fiéis, começa por lhes desejar "a verdadeira paz".

Mas, essa paz, como reconquistá-la? Primeiro é preciso associar os leigos à vida da Igreja em vez de submetê-los à dominação dos clérigos, de atingi-los com excomunhões e proibições — como a que Inocêncio III lançou sobre Assis em 1204 — que perdem toda a eficácia pelo abuso que delas se faz. Assim, com seus irmãos, não quer impor-lhes a ordem, mas introduzi-los numa fraternidade, numa confraria em que coabitem clérigos e leigos. Aceitará por isso de bom grado a instituição da Ordem Terceira. Esses nobres que modelaram uma cultura, a cultura de cavalaria, esses comerciantes que começam a dominar as

---

*A grafia do primeiro nome certamente está equivocada, talvez por influência do francês *Thomas*, uma vez que em italiano não existe aquele *h* encaixado inadvertidamente na primeira sílaba (cf. "S. Tommaso d'Aquino", por exemplo). Tanto isso é verdade que na segunda vez em que o nome aparece já vem a grafia correta: "Tommaso da Spalato", ver item "A palavra", subtítulo "Modelos ligados à cultura propriamente dita", no último capítulo, *Franciscanismo e modelos culturais do século XIII*. (N. do T.)

cidades, esses humildes que mostram, através de seu trabalho ou de sua revolta, seu papel na sociedade — a eles Francisco se dirige, tanto quanto aos clérigos. No fecho da Regra de 1221, ele enumerava, ao lado dos clérigos, "todas as crianças e pequeninos, pobres e ricos, reis e príncipes, trabalhadores e agricultores, servos e senhores, a todas as virgens, castas e casadas, aos leigos, homens e mulheres, a todas as crianças pequenas e adolescentes, jovens e velhos, sadios e doentes, a todos os humildes e grandes, e a todos os povos, famílias, tribos e línguas, a todas as nações e a todos os homens por toda parte sobre a terra...".

A todos os homens, portanto, é preciso pregar, pregar o Evangelho. Mas que há de essencial no Evangelho? De que é que a gente esquece e o que é que a gente trai em relação a ele? O despojamento, a pobreza. O progresso da agricultura e a venda dos excedentes que daí resultam, o avanço do pequeno e do grande comércio, eis o que, pela sedução crescente do dinheiro que substitui as práticas simples da autonomia econômica, da troca, espalha cada vez mais sua corrupção. Cristo mostrou a salvação no Evangelho de Mateus, tal como Francisco a ouviu em Porciúncula. "Se queres ser perfeito, vai, vende tudo o que possuis e faça doação aos pobres e terás um tesouro no Céu; vem, segue-me" — e a isso se acrescenta um outro despojamento: "Aquele que deixar pai e mãe, irmãos e irmãs, mulher e filhos, casas e campos por amor de mim, receberá o cêntuplo e terá vida eterna." Ao abandono do dinheiro se junta esse abandono da família que não se explica só pelo texto evangélico e pelos dissabores de Francisco com os seus, mas que corresponde também ao contexto social e mental em que ele vive, nesse início do século XIII no qual as estruturas tradicionais da família são abaladas e no qual há uma espécie

SÃO FRANCISCO DE ASSIS

de vida familiar entre a família ampla da linhagem nobre ou da comunidade *taisible** (por consentimento tácito) camponesa e a família estrita que reúne apenas ascendentes e descendentes diretos, que ainda não está constituída.

Mas, diante dessas solicitações conjunturais, que tem de moderno a resposta de Francisco?

A cultura e a sensibilidade de cavalaria, que adquiriu antes da conversão, Francisco carregou com ele em seu novo ideal religioso: a Pobreza é sua Senhora, Senhora Pobreza, as Santas Virtudes são de modo semelhante heroínas da corte, o santo é um cavaleiro de Deus, dublê de trovador, de jogral. Os capítulos de Porciúncula inspiram-se nas reuniões da Távola Redonda em torno de Artur. Seria essa a modernidade de São Francisco, a de ter introduzido o ideal de cavalaria no cristianismo, como os primeiros cristãos nele tinham introduzido o ideal esportivo autêntico — o santo atleta de Cristo —, e São Bernardo, o ideal militar da primeira cavalaria, a *Milícia de Cristo*?

As direções propriamente religiosas de Francisco da mesma forma podem parecer tradicionais. A tendência eremítica remonta no mínimo ao estabelecimento do cristianismo, no século IV, e desde então não cessou. Francisco e seus companheiros em todos os eremitérios que frequentam não são diferentes, à primeira vista, de um povo todo de solitários que, em sua época, frequentava as grutas, as florestas, as altitudes de toda a Itália, da Calábria ao norte dos Apeninos. A prática do trabalho manual se liga tanto ao beneditismo primitivo

---

*Palavra francesa desusada (isoladamente podia-se traduzir por "taciturno/a" ou "tácito/a"). No direito medieval, a expressão *communauté taisible* significava uma sociedade de bens que se formava entre camponeses, parentes ou não, com o objetivo único da habitação comum durante um ano e um dia. (N. do T.)

JACQUES LE GOFF

como à reforma monástica dos séculos XI-XII, conduzida pelos mosteiros de Prémontré e de Cister (Cîteaux). A pobreza é, desde o fim do século XI, a palavra de ordem de todos esses *Pauperes Christi*, esses Pobres de Cristo que pululam por toda a Cristandade.

A originalidade de Francisco estaria apenas no fato de ter ele resistido à tentação herética à qual a maior parte desses Pobres cedeu? Certamente, dá-se que nesse início do século XIII conseguiu-se que permanecessem na Igreja: em 1201 uma comunidade de *Umiliati* ortodoxos; em 1208, os *Poveri Cattolici*, ramo da seita valdense convertido por Durando di Huesca; em 1210, um outro grupo de valdenses reunido em torno de Bernardo Primo. Mas o que é isso diante da multidão de albigenses e na própria Itália, no tempo de Francisco, dos cátaros, que têm um bispo em Florença e uma escola em Poggibonsi, dos patarinos,* dos arnaldistas,** dos valdenses? Em 1218, em Bérgamo, realiza-se um congresso dos *Poveri Lombardi*, em 1215 Milão é chamada "fossa de hereges" (*fossa di eretici*), Florença em 1227 ainda é tida como infestada pela heresia. E, no início, Francisco verdadeiramente quase se torna herege? É preciso distinguir as tendências

---

*Ver nota sobre a Pataria e os patarinos na primeira parte, "Francisco de Assis entre a renovação e os fardos do mundo feudal", p. 30. (*N. do T.*)

**A denominação vem de Arnaldo de Brescia, nascido nessa cidade da Itália e morto em Roma em 1155, estrangulado e queimado pelos partidários do papa Adriano IV, que jogaram suas cinzas no Tibre. Discípulo fervoroso do francês Abelardo, chefiou uma das mais violentas manifestações pela reforma clerical, criando um forte movimento que combatia a corrupção do clero. Sua doutrina pregava a volta ao cristianismo primitivo, com o despojamento dos bens, mas misturava-se confusamente a reminiscências da República romana (Arnaldo chegou a instituir um senado, um tribunal e uma ordem equestre). No auge de sua popularidade, obrigou o papa Eugênio III a deixar Roma. (*N. do T.*)

SÃO FRANCISCO DE ASSIS

e as circunstâncias. Houve certamente umas e outras com elementos que poderiam ter conduzido Francisco à heresia. A intransigente vontade de praticar um Evangelho integral despojado de toda a contribuição da história posterior da Igreja, a desconfiança a respeito da cúria romana, o desejo de fazer reinar entre os Menores uma igualdade quase absoluta e de prever o dever da desobediência, a paixão da miséria levada até à manifestação exterior do nudismo que Francisco e seus irmãos praticaram à semelhança dos adamitas,* o lugar dado aos leigos, tudo isso parecia perigoso, quase suspeito, à cúria romana. E, juntando seus esforços aos dos ministros e custódios assustados com tantas intransigências de Francisco, a cúria o submeteu a uma pressão e exigiu dele, se não abjurações, pelo menos renúncias que o conduziram certamente em 1223 à beira da tentação herética. Ele resistiu. Por quê? Muito provavelmente em primeiro lugar porque nunca alimentou sentimentos que, depois dele, levaram à heresia uma parte dos franciscanos Espirituais. Francisco não foi nem milenarista nem apocalíptico. Jamais interpôs um Evangelho eterno, uma idade de ouro mítica entre o mundo terrestre em que vivia e o mundo do além do cristianismo. Não foi o anjo do sexto selo do Apocalipse com o qual o assimilaram indevidamente alguns Espirituais. As elucubrações escatológicas heréticas dos Espirituais saíram de Gioacchino da Fiore, não de Francisco.

Mas o que o deteve sobretudo foi a determinação fundamental, sem cessar repetida apesar de toda pressão, de per-

---

*Os adamitas foram hereges nudistas do século II. Pregavam a proscrição do casamento para não perpetuar o pecado original. (N. do T.)

manecer a todo preço (preço alto que ele pagava, na verdade) — ele e seus irmãos — na Igreja. Por quê? Sem dúvida porque ele não quis quebrar essa unidade, essa comunidade à qual tanto se agarrava. Mas principalmente por causa de seu senso, de sua necessidade visceral de sacramentos. Quase todas as heresias medievais são contra os sacramentos. Ora, Francisco tem necessidade, no mais fundo de seu ser, dos sacramentos e, mais que todos, do primeiro entre eles, a Eucaristia. Para ministrar esses sacramentos, há necessidade de um sacerdote, uma Igreja. Francisco também — o que pode surpreender — está pronto a perdoar muito aos clérigos em troca desse ministério dos sacramentos. Em uma época em que mesmo os católicos ortodoxos põem em dúvida a validade dos sacramentos administrados por padres indignos, Francisco reconhece essa validade e a afirma sem rodeios. É porque distingue criteriosamente clérigos e leigos que ele tem necessidade dos primeiros e fica na Igreja.

Por isso se pode dizer que, com São Domingos, por caminhos diferentes, ele salvou a Igreja ameaçada de ruína pela heresia e por sua decadência interna. Francisco realizou o sonho de Inocêncio III. Alguns, aliás, escandalizaram-se com isso e o deploraram, desde Maquiavel: "E foram tão poderosas as Ordens novas que são a razão pela qual a desonestidade dos prelados e dos chefes da religião não a arruínam [não arruínam a religião]; vivendo ainda pobremente e tendo tanto crédito nas confissões, com os povos, e nas pregações, eles lhes fazem compreender como é mau falar mal do mal e que é bom viver sob a sua obediência, e que se estes cometerem erros, deixem a Deus que os castigue; e assim fazem o pior

SÃO FRANCISCO DE ASSIS

que podem, porque não temem a punição que não veem e na qual não creem."[14]

É certo que Francisco foi um desses álibis que a Igreja perdida no século encontra periodicamente.

Esse Francisco, tão ortodoxo quanto se tenha afirmado e mais tradicional do que frequentemente o apresentam, não foi então verdadeiramente um inovador? Sim, e em pontos essenciais.

Tomando e dando como modelo o próprio Cristo e não mais seus apóstolos, ele comprometeu o cristianismo com uma

---

[14]*"Furono si potenti gli Ordini loro nuovi che ci sono cagione che la disonestà dei prelati e dei capi della religione non la rovini vivendo ancora poveramente ed avendo tanto credito nelle confessioni con i popoli, e nelle predicazioni ch'ei danno loro a intendere come gli è male a dir male e che sia bene vivere sotto l'obbedienza loro e se fanno errori la sciarli castigare castigari da Dio; e cosi quelli fanno il peggio che possono perchè non temono quella punizione che non veggono e non credono"* (Discorsi, III, 1).*

*Na verdade, são tantas — algumas menores, outras nem tanto assim — as diferenças dessa transcrição do original de Maquiavel em relação a uma edição confiável do autor italiano (25 nessas breves linhas da citação dos *Discorsi*, III, 1), que o mais fácil, em vez de estar a apontá-las, é transcrever aqui o trecho como está, por exemplo, na edição Bibl. Univ., Rizzoli (Milão, 1984), para a comparação: *"... e furono si potenti gli ordini loro nuovi, que ei sono cagione che la disonestà de'prelati e de'capi della religione non la rovinino; vivendo ancora poveramente, ed avendo tanto credito nelle confessioni, con i popoli, e nelle predicazioni, che ei danno loro a intendere come egli è male dir male del male, e che sia bene vivere sotto la obbedienza loro, e, se fanno errore, lasciarli gastigare a Dio; e cosi quegli fanno el peggio che possono, perchè non temono quella punizione che non veggono e non credono."* (Discorsi, III, 1) [Devo a escolha do texto da edição Rizzoli e a impecável tradução correspondente, que põe as coisas em ordem e é a que está transcrita acima, à professora emérita de Língua e Literatura Italiana, da Faculdade de Letras da Universidade de São Paulo, Vilma De Katinszky, à qual deixo aqui meu mais profundo agradecimento. Assinale--se ainda que à generosidade da mesma professora Vilma devo a tradução por todos os títulos perfeita do trecho do *Paraíso* citado no subtítulo *O problema das biografias*, no capítulo II, *À procura do verdadeiro São Francisco*. Neste caso, utilizou-se o texto da edição Ulrico Hoepli, Milão, 1991, da *Divina Comédia*, a cargo de G. Vandelli.] (*N. do T.*)

imitação do Deus-Homem que voltou a dar ao humanismo as ambições mais altas, um horizonte infinito.

Vencendo ele próprio a tentação da solidão para ir ao meio da sociedade viva, nas cidades, e não nos desertos, nas florestas ou no campo, rompia de maneira decisiva com um monaquismo da separação.

Propondo como programa um ideal positivo, aberto ao amor de todas as criaturas e de toda a criação, enraizado na *alegria* e não mais na *accedia* mal-humorada, na tristeza, recusando-se a ser o monge ideal da tradição dedicada a *chorar*, ele abalou a sensibilidade medieval e cristã e reencontrou um júbilo primitivo, depressa abafado por um cristianismo masoquista.

Fazendo com que a espiritualidade cristã chegasse à cultura leiga de cavalaria dos trovadores e à cultura leiga popular do folclore camponês com seus animais, seu universo natural, o maravilhoso do franciscanismo fez saltar a tampa que a cultura clerical fazia pesar sobre a velha cultura tradicional da humanidade.

Aqui também, essa volta às fontes era o sinal e o penhor da renovação e do progresso.

Volta às fontes, porque não se pode esquecer finalmente que o franciscanismo é *reacionário*. Em face do século XIII, moderno, ele é a reação não de um inadaptado como Gioacchino ou Dante, mas de um homem que quer, diante da evolução, resguardar valores essenciais. No próprio Francisco essas tendências reacionárias podem parecer quiméricas e até perigosas. No século das universidades, a recusa à ciência e aos livros, no século da cunhagem dos primeiros ducados, dos primeiros florins, dos primeiros escudos de ouro, o

SÃO FRANCISCO DE ASSIS

ódio visceral pelo dinheiro — Francisco, na Regra de 1221, alheio a qualquer sentido econômico, grita: "Não devemos dar maior importância às moedas do que às pedras."[15] Não é uma perigosa tolice? Seria, se Francisco tivesse desejado estender a toda a humanidade sua Regra. Mas exatamente Francisco não desejou transformar seus companheiros em *ordem*, não pretendia reunir mais do que um pequeno grupo, uma elite que mantivesse um contraponto franciscano, uma inquietação, um fermento no mundo do bem-estar. Esse contraponto franciscano permaneceu uma necessidade do mundo moderno, para os crentes como também para os não-crentes. E como Francisco pregou, pela palavra e pelo exemplo, com uma chama, uma pureza, uma poesia inigualável, o franciscanismo permanece, ainda hoje, uma *"sancta novitas"*, segundo a palavra de Tomás de Celano, uma santa novidade, e o *Poverello* não apenas um dos protagonistas da história, mas um dos guias da humanidade.

Cântico do irmão Sol ou das criaturas

Altíssimo, onipotente e bom Senhor,
Teus são o louvor, a glória, a honra e toda a bênção
Só a ti, Altíssimo, são devidos
e nenhum homem é digno de nomeá-lo.
Louvado sejas, meu Senhor, com todas as tuas criaturas
especialmente o senhor irmão Sol
o qual faz o dia e por ele nos alumia

---

[15] *"(...) non debemus maiorem utilitatem habere et reputare in pecunia et denariis quam in lapidibus."*

ele é belo, irradiando um grande esplendor
e de ti, o Altíssimo, ele nos oferece o símbolo.
Louvado sejas, meu Senhor, pela irmã Lua e pelas Estrelas
no céu tu as formaste claras, preciosas e belas.
Louvado sejas, meu Senhor, pelo irmão Vento,
e pelo ar e pelas nuvens
pelo azul calmo e por todos os tipos de tempo,
graças a eles tu manténs com vida todas as criaturas.
Louvado sejas, meu Senhor, pela irmã Água
que é tão útil e tão sábia
preciosa e casta.
Louvado sejas, meu Senhor, pelo irmão Fogo
através do qual tu iluminas a noite,
ele é belo e alegre,
indomável e forte.
Louvado sejas, meu Senhor, pela irmã nossa mãe a Terra
que nos carrega e nos alimenta,
que produz a diversidade dos frutos
com as flores matizadas e as ervas.
Louvado sejas tu meu Senhor por aqueles
que perdoam por amor de ti,
que suportam provações e doenças,
felizes se conservam a paz
porque por ti, Altíssimo, eles serão coroados.
Louvado sejas, meu Senhor, por nossa irmã a Morte
corporal,
porque nenhum homem vivo dela pode escapar,
infelicidade para aqueles que morrem em pecado mortal,
felizes aqueles que estiverem fazendo tua vontade quando
ela os surpreender

SÃO FRANCISCO DE ASSIS

porque a segunda morte não poderá prejudicá-los.
Louvai e bendizei ao Senhor,
dai-lhe graças e servidão
com toda a humildade.[16]

---

[16]Tradução [para o francês] por Damien Vorreux, O.F.M., no livro dele e de Théophile Desbonnet *Saint François d'Assise. Documents. Écrits et premières biographies*, Paris, Éditions franciscaines, 1968, pp. 196-197 (parcialmente revista por Jacques Le Goff).

III

O vocabulário
das categorias sociais
em São Francisco de Assis
e seus biógrafos
do século XIII

Consideraremos conhecidos,[1] em suas grandes linhas, os problemas historiográficos que apresentam, de um lado, a au-

---

[1] As páginas seguintes, que são apenas um esboço de um assunto bem limitado, definido no título, têm também por finalidade, para além de seu ponto de aplicação, mostrar o caráter dramático da pesquisa histórica e do ofício de historiador hoje. Qualquer investigação, por mais restrita que seja, não pode ser conduzida, menos ainda bem conduzida, se não levar em consideração a globalidade do passado em que se integra seu objeto e a totalidade dos instrumentos que o presente oferece ao historiador. Nada ilustra melhor essa dupla necessidade do que o estudo das palavras. A cada uma delas está ligado todo o universo em que ela ressoa e, para fazer disso um objeto de ciência, o historiador deve confrontá-la com sua própria linguagem que diz respeito a todo o seu universo atual. Quando Francisco de Assis fala dos pobres, só é possível compreendê-lo através da referência a toda a sociedade de seu tempo em toda a sua densidade; mas só discernimos isso através de outra referência, que é nossa cultura, e, nesse caso, tudo o que ela nos fornece quanto a "pobres", para além das diferenças de modelos propostos pelas diversas ideologias históricas de hoje, o que nos mostra o papel duplo e contraditório do presente na compreensão do passado: revelador e obliterador. Para nos restringirmos ao exemplo mais expressivo, o concílio do Vaticano II ao mesmo tempo esclarece e falseia as perspectivas da pobreza na história da Cristandade. A constatação dessas complexidades imbricadas não quer dizer que se concorde com "tudo está em tudo e reciprocamente", negação de toda ciência. Incita, isto sim, a uma análise em muitos níveis e a um vaivém metódico constante entre as estruturas do passado e as do presente, e a cada vez na dupla perspectiva das realidades "objetivas" e das realidades "mentais". Isso implica um tratamento de totalidades que só os métodos do estruturalismo e o recurso às máquinas eletrônicas parecem permitir. Mas as possibilidades concretas de estudos desse gênero ainda são muito limitadas. Daí os apuros do historiador ante um trabalho ainda artesanal, fora do computador, como este que aqui se oferece (cf. o programa-questionário aparecido em *Annales. E.S.C.*, 1968, número 2, pp. 335-348).
Este texto foi publicado em *Ordres et classes. Colloque d'histoire sociale, Saint-Cloud, 24-25 mai 1967*, Paris e Haia, Mouton, 1973, pp. 93-103.

JACQUES LE GOFF

tenticidade de alguns escritos de São Francisco e, de outro, a objetividade de alguns testemunhos dos primeiros biógrafos de São Francisco. Far-se-á simplesmente alusão a isso mais adiante, na medida em que essa crítica tradicional dos textos afete nossa pesquisa. Porque, ainda aqui, devemos trabalhar em dois níveis: o da relação do vocabulário de nossos textos com o que sabemos quanto às realidades que ele designa, e o da relação desse vocabulário com o mundo mental de seus utilizadores.

Os textos tomados em consideração estão na magra coletânea das obras completas de São Francisco,[2] isto é, as duas Regras, o *Testamento*, as cartas, as orações e textos litúrgicos, e nas biografias reunidas pelos padres de Quaracchi.[3] Entre esses textos, foram utilizados especialmente os dos seguintes autores:

1) de Tomás de Celano, franciscano italiano nascido nos Abruzos [na cidade de Celano], viveu alguns anos na Alemanha, mas a maior parte da vida na Itália. Entrou para a Ordem por volta de 1215 "com numerosos outros homens instruídos e nobres" (*cum pluribus aliis viris litteratis et nobilibus*):

— a *Vita I* escrita em 1228, a pedido do papa Gregório IX (nas citações, I Cel.),

---

[2]Na edição de H. Bochmer, Tübingen e Leipzig, 1904, 3ª. ed., 1961.

[3]No volumoso tomo X dos *Analecta franciscana* (*Legendae S. Francisci Assisiensis Saec. XIII et XIV conscriptae. I. Saec. XIII*), 1926-1941. Achar-se-ão duas listas interessantes das palavras-chave de São Francisco, com referências, em K. ESSER e L. HARDICK, *Die Schriften des Hl. Franziskus von Assisi*, Werl/W., 1951, e em P. WILLIBRORD, *Le Message spirituel de saint François d'Assise dans ses écrits*, Blois, 1960. Mas esses léxicos se interessam sobretudo por termos ligados a conceitos propriamente religiosos. O tomo X dos *Analecta franciscana* traz um precioso índice que nos prestou os maiores serviços, mas que apresenta algumas lacunas: as referências dos termos citados não são exaustivas, faltam algumas palavras que, além de sua utilidade para nossa investigação, mereceriam em qualquer hipótese figurar nesse índice bem fornido, como por exemplo *dives, fidelis, gastaldi, magister, magnates, negociator, rex*.

SÃO FRANCISCO DE ASSIS

— a *Legenda chori* (1230),

— a *Vita II* (1246-1247) [nas citações, II Cel.],

— o *Tractatus de miraculis* (1250-1252);

2) de Juliano de Spira [ou Juliano de Speyer], franciscano alemão que viveu sobretudo em Paris onde aprendeu as artes liberais, e especialmente a música ("antes de sua entrada para a Ordem foi mestre de canto na corte do rei da Fança, notável por sua ciência e sua santidade", *ante Ordinis ingressum fuit magister cantus in aula regis Francorum, scientia et sanctitate conspicuus*). Tendo entrado para a Ordem antes de 1227, ensinou música no Convento de Saint-Jacques, em Paris:

— uma *Vita* (cerca de 1232-1235), que se aproxima muito da *Vita I* de Tomás de Celano,

— um *Officium rythmicum* (cerca de 1231-1232);

3) de Henrique de Avranches, padre secular, "padre errante cumprindo missões para os reis" (*clericus vagus et pro regibus legationibus fungens*) (na corte da Inglaterra, na corte de Frederico II na Alemanha, na corte pontifícia), chamado "*magister Henricus versificator*" ["mestre Henrique versificador" ou "poeta"]. Escreveu a *Legenda versificata* [*Vida em versos*], com base na *Vita I* de Tomás de Celano, a pedido de Gregório IX (cerca de 1232-1234);

4) de São Boaventura, franciscano italiano, de uma família de "pequenos burgueses" (pai médico de uma pequena cidade), fez seus estudos em Paris, onde ocupou uma das duas cátedras de Teologia da Ordem na Universidade. Tornou-se mestre-geral da Ordem em 1257. Escreveu a *Legenda maior* e a *Legenda minor*, a pedido do capítulo geral de Narbonne em 1260 para substituir como "vidas oficiais" as vidas escritas anteriormente (cuja destruição foi ordenada). As duas obras foram apresentadas ao capítulo geral de Pisa, em 1263;

124   JACQUES LE GOFF

5) de Tiago de Varazze, dominicano italiano, prior da Lombardia, depois arcebispo de Gênova. Escreveu a *Vita S. Francisci*, na *Legenda sanctorum* (coletânea de vidas de santos escrita entre 1265 e 1280 [e a partir do século XV conhecida como *Legenda aurea*]), utilizando-se da *Vita II* e do *Tratado dos milagres* de Tomás de Celano e da *Legenda maior* de São Boaventura;

6) de um beneditino alemão anônimo do convento de Oberaltaich, na Baviera, a obra *Vida*, dita *Legenda de Munique* (*Legenda monacensis*, cerca de 1275), com base nas duas *Vitae* de Tomás de Celano e de São Boaventura.

DEFINIÇÃO E ALCANCE DA PESQUISA

Seu interesse

O franciscanismo foi um grande movimento religioso que, mais do que as outras ordens mendicantes, agitou, marcou, impregnou o conjunto da sociedade cristã do século XIII, século em que nasceu. Utilizou métodos novos de apostolado. Rompendo com o isolamento do monaquismo anterior, despachou seus membros pelas estradas, mas sobretudo os mantinha nas cidades, então em plena aceleração de desenvolvimento[4], no coração da sociedade. Seu sucesso teve grande repercussão em todos os meios. São Francisco de Assis, seu fundador, contribuiu,

---

[4]Tentamos em outro trabalho definir as relações entre "Apostolat mendiant e fait urbain dans la France médiévale" ["Apostolado mendicante e fato urbano na França medieval"], numa investigação cujo programa-questionário apareceu nos *Annales. E.S.C.*, 1968, número 2, pp. 335-348.

SÃO FRANCISCO DE ASSIS

por sua personalidade histórica e lendária, para assegurar o essencial desse sucesso. Suas obras e as de seus primeiros biógrafos constituíram o essencial do arsenal de que se serviram os Franciscanos para agir sobre a sociedade de seu tempo, pela palavra e pelo exemplo. Que é que esse arsenal nos ensina então sobre essa sociedade?

Três qualidades conferem a esse conjunto de textos um valor exemplar a respeito disso.

Sua eficácia repousa sobre uma certa análise da sociedade global. Seguramente, esse instrumental franciscano tem por objetivo transformar a sociedade e não descrevê-la. Qualquer vocabulário, qualquer linguagem é, de resto, ao mesmo tempo que um instrumento de análise e de compreensão, uma tomada de posição, um instrumento de ação. Mas, na alta Idade Média, a passividade cultural da massa da sociedade (presa à sujeição social e política que praticamente nada lhe deixava além da heresia como expressão de revolta) permitia à Igreja agir sobre a sociedade graças a uma linguagem "terrorista" sacra (uso do latim, simbolismo idealista, irrealismo da arte romana etc.). A emancipação de categorias mais e mais numerosas do laicato (cavalaria, camadas urbanas, *rustici* menos duramente enquadrados e sustentados pelas organizações heréticas) torna essa linguagem cada vez mais inoperante. A preocupação do franciscanismo diante da sociedade nova impõe-lhe uma linguagem, um vocabulário com uma certa relação com a realidade, e em primeiro lugar com a realidade social, nas estruturas de grupos. Ao mesmo tempo, o cuidado de São Francisco e de seus discípulos de se dirigirem ao conjunto da sociedade ("todos os homens, todas as criaturas", *omnes homines, omnes creaturae*) leva-os a utilizar sistemas de denominação abrangendo *todas* as categorias sociais.

Há uma homogeneidade suficiente devida:

— ao fato de que todos esses textos giram em torno de um homem, de sua experiência, de seu ensinamento: São Francisco;

— à predominância, entre esses autores, de um grupo modelado pela mesma formação e o mesmo ideal: os Franciscanos; esse ar de família é reforçado pela influência de um único biógrafo sobre quase todos os outros: Tomás de Celano;

— à mesma localização geográfica da experiência concreta da maioria e, de qualquer modo, dos mais importantes deles: a Itália Central e setentrional;

— ao fato de pertencerem esses autores, se não à mesma geração pelo menos a um mesmo período, mais ou menos entre 1220 e 1280, e, essencialmente, entre 1220 e 1263 — que teríamos a tentação de chamar de "o século XIII de São Luís", se assim não nos afastássemos da Itália.

Mas há também suficientes diversidades para permitir eventuais variantes.

Do ponto de vista da cronologia. Se esse "belo século XIII" é um período de assentamento de estruturas novas e de instauração de um novo equilíbrio, também é uma época "em que a história se acelera" — o que permite provar a faculdade de resistência ou de adaptação das estruturas da linguagem e das mentalidades. De um ponto de vista mais preciso, a ordem franciscana conhece durante esse período uma evolução cujo impacto sobre seu vocabulário será preciso medir.

Do ponto de vista dos autores. Apesar da uniformidade do molde franciscano, a diversidade das origens sociais e geográficas dos autores, de sua formação (e em particular da passagem, ou não, pelas universidades), de sua carreira e de sua personalidade permite uma diversificação completada pela presença de um dominicano, de um beneditino, de um secular.

SÃO FRANCISCO DE ASSIS

Do ponto de vista do gênero literário. Apesar da predominância das convenções hagiográficas (aliás em evolução, São Francisco era precisamente a um só tempo um dos principais reflexos e fatores dessa evolução[5]), a diversidade dos gêneros pode permitir que se defina o grau de resistência desses gêneros a uma mesma corrente: em São Francisco, segundo a natureza mais ou menos "oficial" de seus escritos, desde a Regra até a carta; em seus biógrafos, entre os gêneros mais abertos às novidades (biografia em prosa do tipo *Vita* ou *Legenda*) e aqueles que se prendem mais a uma tradição formal (textos em versos, textos do tipo litúrgico). Pode-se assim se perguntar se o caráter mais "tradicional" e mesmo reacionário dos termos e dos temas de Henrique de Avranches não se deve tanto ao "sistema" da poesia erudita na primeira metade do século XIII quanto à sua situação de secular ligado aos meios da corte.[6]

---

[5]Sobre a concepção da santidade nos séculos XIII-XIV e o momento decisivo que representam São Francisco e a espiritualidade mendicante em sua evolução, André Vauchez escreveu um D.E.S. apresentado à faculdade de letras e ciências humanas de Paris (1962, sob a direção de M. Mollat) e uma memória apresentada à VI seção da École pratique des hautes études (1964, sob a direção de Jacques Le Goff), inéditos, e prepara uma tese para o doutorado de Estado. Ver, hoje, André VAUCHEZ, *La Sainteté en Occident aux derniers siècles du Moyen Âge d'après les procès de canonisation et les documents hagiographiques*, Roma, 1981. [D.E.S. é uma espécie de defesa de tese universitária que se faz na França, *Diplome d'Études Supérieures*, atualmente desdobrado em D.E.S.S., *Diplome d'Études Supérieures Spécialisées*, e D.E.U.G., *Diplome d'Études Universitaires Générales*.]

[6]Sobre a importância e a rigidez dos "gêneros" literários na Idade Média, cf. E.R. CURTIUS, *La Littérature européenne et le Moyen Âge latin*, trad. francesa, Paris, 1956 [há edição brasileira, *Literatura Europeia e Idade Média Latina*, tradução do original alemão por Teodoro Cabral, com a colaboração de Paulo Rónai, Instituto Nacional do Livro, Rio de Janeiro, 1957]; E. FARAL, *Les Arts poétiques du XII et du XIII siècle. Recherches et documents sur la technique littéraire du Moyen Âge*, Paris, 1923; Th.-M. CHARLAND, *Artes praedicandi. Contribution à l'histoire de la rhétorique au Moyen Âge*, Paris e Ottawa, 1936. Sobre o gênero da hagiografia, a maior parte das excelentes obras que lhe foram consagradas, dos trabalhos clássicos do padre H. DELEHAYE ao notável estudo de F. GRAUS (*Volk, Herrscher und Heiliger im Reich der Merowinger. Studien zur Hagiographie des frühen Mittelalters*, Praga, 1965), trata sobretudo da alta Idade Média.

128 JACQUES LE GOFF

Mas, ainda que esse conjunto de textos pareça ser favorável para o estudo das relações entre o vocabulário social que aí aparece e aquilo que pode ser definido, em termos científicos atuais, como a realidade social da época, também não deixa de apresentar uma série de características que não apenas formam uma camada de separação entre a linguagem e a estrutura social, mas realçam as dificuldades que o historiador — e singularmente o medievalista — encontra na utilização científica do vocabulário do passado.

Suas dificuldades

Dificuldades inerentes à literatura medieval

A língua. A língua de todos os nossos textos é o latim. Mas, longe de simplificar um estudo de vocabulário, essa aparente uniformidade cria terríveis problemas, dois especialmente: sendo o latim na Idade Média uma língua ao mesmo tempo morta e viva, a que realidades contemporâneas se referem as palavras, quais são as aproximações, deformações, contrassentidos, jogos de palavras que intervêm entre as palavras e os sentidos antigos e os medievais (por exemplo: *dux* [chefe], *miles* [soldado] etc.)? A partir do século XIII, especialmente, aumentando cada vez mais a pressão da língua vulgar sobre a cultura, que ligações mantém o vocabulário literário latino com o vocabulário da língua vulgar? No caso de um apostolado de tipo novo, como o

SÃO FRANCISCO DE ASSIS

de São Francisco, essas ligações latim-língua vulgar não trazem problemas particulares?[7]

A "Weltanschauung" [visão do mundo] *religiosa*. As religiões, e em particular as religiões universalistas, como o cristianismo, tendem, para combater a luta de classes, a negá-la "dessocializando" as estruturas, em particular a arte e a literatura, na qual o "realismo social" não penetra a não ser sub-repticiamente. Os esquemas religiosos da sociedade são diferentes das estruturas sociais concretas. Ora — é o modelo dionisiano[8] — a hierarquia humana está calcada sobre a hierarquia celeste, não sendo esta, de resto, frequentemente mais do que uma transposição mais ou menos inconsciente

---

[7]O grande problema da língua da pregação na Idade Média aparece de maneira ainda mais aguda no caso dos religiosos mendicantes e, singularmente, entre os franciscanos. No que se refere a São Francisco, sabe-se por numerosas passagens dos biógrafos que a língua de suas efusões místicas era o francês (que provavelmente terá sido a língua das canções e delicados poemas que faziam suas delícias antes da conversão). Seus biógrafos muito raramente fazem alusão à língua vulgar italiana (*lingua romana*), sendo a única menção precisa a da palavra *guardiani*, cujo emprego corrente por custódios é assinalado (cf. *Analecta franciscana*, X, Índice, *s.v.*). Mas São Francisco é o autor do célebre *Cantico di Frate Sole* (cf. G. SABATELLI, "Studi recenti sul Cantico di Frate Sole", *Archivum franciscanum historicum*, 51, 1958), que foi, de maneira espantosa, desprezado pelos padres de Quaracchi em sua edição das obras de São Francisco (*Opuscula S. Patris Francisci Assisiensis*, 1904; 3a. ed., 1949) precisamente porque foi composto em língua vulgar. Esse importante rasgão feito por São Francisco no pano latino da literatura clerical medieval não escapou a E.R. CURTIUS em sua brilhante obra citada *supra*, cujas sutis análises não penetram senão numa epiderme de cultura (p. 39 da edição francesa citada: "a literatura italiana começa apenas por volta de 1220, com o Cântico do Sol de São Francisco de Assis"). Da abundante bibliografia consagrada à pregação, remeto a R.M. DESSI e a M. LAUWERS (editores), *La Parole du prédicateur (V-XV siècles)*, Nice, 1997.

[8]Cf. R. ROQUES, *L'Univers dionysien. Sctructure hiérarchique du monde selon le Pseudo-Denys*, Paris, 1954.

130   JACQUES LE GOFF

de uma dada estrutura social histórica.[9] Ora as desigualdades se fundamentam em critérios propriamente religiosos
(por exemplo em relação ao pecado, o que levará os teólogos
medievais a curiosas assimilações entre o *servus peccati* e o
servus simplesmente), e as distinções de grupos em critérios
litúrgicos ou místicos valorizando uma hierarquia dos sexos
(homens, mulheres) ou situações de família (virgindade, viu-
vez, casamento). É fundamental sobretudo a divisão entre
clérigos e leigos.

Se bem que tenha procurado aproximar o apostolado das
condições sociais concretas e às vezes até em razão de seu desejo
de transformar a sociedade terrestre em sociedade de salvação
(tendência evidentemente mais forte entre os franciscanos
"joaquimitas" [ou "joaquinistas"], mas real em todos eles), o
franciscanismo manteve uma confusão conceitual e verbal a
respeito das categorias sociais.[10]

Os empréstimos bíblicos. Toda linguagem em parte é uma
herança. Mas na Idade Média essa herança é particularmente
pesada: o Livro contém todo o saber, incluindo a linguagem,
a linguagem em primeiro lugar. A Bíblia é o arsenal do vocabulário e dos modelos mentais. Para as palavras como para o
resto, toda novidade é suspeita. Sem dúvida a Bíblia se presta a
toda espécie de interpretação e é suficientemente rica e diver-
sificada para que nela se possa achar praticamente tudo que se

---

[9]Cf.,por exemplo, em relação a Santo Anselmo, as páginas notáveis de R.W.
Southern, Saint Anselm and his Biographer, Cambridge, 1963; "The Feudal
Imagery", pp. 107-114.
[10]Essa confusão parece estar na base dos equívocos das tentativas — muito honro-
sas, aliás — de "política franciscana" da época atual cujo principal representante
é sem dúvida Giorgio La Pira.

SÃO FRANCISCO DE ASSIS

procura. Alain de Lille o constata: as citações bíblicas têm nariz de cera.[11] E, mesmo, no início do século XIII, a autoridade no sentido literal — a citação — não constitui mais a demonstração completa, o raciocínio: a dialética e a escolástica ensinam o clérigo a voar com suas próprias asas.

Mas se São Francisco de Assis e o franciscanismo, do ponto de vista da língua, representam um progresso na caminhada rumo à fala vulgar, se, do ponto de vista ideológico, buscam compromissos entre o desejo de um vocabulário concreto e a inclinação a instaurar desde aqui da terra uma sociedade religiosa, do ponto de vista da utilização da Bíblia são claramente "reacionários".

Para eles o Evangelho é a base de tudo. Sem dúvida, Tomás de Celano definiu São Francisco como um *homo novus* e o franciscanismo como uma *sancta novitas*, mas essa "novidade" pode ser definida: o Evangelho, nada mais que o Evangelho e o Evangelho todo.

O Evangelho mais que a Bíblia. Porque, para São Francisco, a grande fonte não é o Antigo Testamento, mas o Novo. Em 196 citações bíblicas nos escritos de São Francisco, não há mais do que 32 citações veterotestamentárias (nove das quais de Salmos) para 164 neotestamentárias (115 das quais dos Evangelhos). As outras autoridades citadas são Santo Agostinho (uma vez) e São Jerônimo (uma vez).[12]

Para marcar imediatamente a importância dessa verdadeira "conversão evangélica" no vocabulário, lembremos que os auto-

---

[11]Lembremos a palavra exata de ALAIN DE LILLE no fim do século XII: "A autoridade tem um nariz de cera, pode-se projetá-lo em diferentes sentidos." (*Auctoritas cereum nasum habet, id est in diversum potest flecti sensum*) (De fide catholica, I, 30; P. L., 210, 333).

[12]Segundo H. BOEMER, ed. citada, pp. 142-144.

res da alta Idade Média — estudada especialmente por Alcuíno[13] — pediram emprestado especialmente ao Antigo Testamento o essencial de seu vocabulário político e social. Ora, o vocabulário do Antigo Testamento, se é mais voltado para o sagrado, é também frequentemente mais realista. O do Novo Testamento, se é mais espiritual, é menos realista, mesmo nas passagens narrativas, na medida em que quer precisamente transformar, e às vezes esvaziar, as instituições e o espírito da antiga lei. A graça toca o vocabulário fazendo esmaecer e sublimando as categorias sociais. Ora, São Francisco, em suas intenções profundas e tal como o veem seus biógrafos, é, guardada a devida distância, um novo apóstolo, um novo evangelista e até um novo Jesus. Também, nos textos que estudamos, ele se depara mais com pessoas do Evangelho do que com as de seu tempo.

Entretanto, é preciso reconhecer que, por trás do vocabulário evangélico, havia ali realidades contemporâneas, e a eficácia franciscana só se explica se esse vocabulário tivesse não apenas um efeito mágico, mas também um caráter de adequação com as estruturas objetivas da sociedade à qual se dirigia.

De resto, essa dependência do vocabulário em relação ao Evangelho é menos importante nos biógrafos do santo do que nos seus escritos. Por exemplo, as duas palavras mais frequentes de seu vocabulário social, *nobilis* e *miles* [*nobre* e *soldado*], apenas aparecem nos Evangelhos; e enquanto entre os franciscanos *miles* tem quase sempre o sentido contemporâneo de cavaleiro, há, é claro, entre os evangelistas só o sentido de *soldado*. Notemos aliás aqui, de passagem, um exemplo das contaminações

---

[13]Cf. Mme. J. Chelini, *Le Vocabulaire politique et social dans la correspondance d'Alcuin*, Publicações dos Anais da faculdade de letras de Aix-en-Provence, série Travaux et Mémoires, número XII, 1959; W. Ullmann, "The Bible and Principles of Medieval Government", *Settimane di Studio di Spoleto*, X, 1963.

SÃO FRANCISCO DE ASSIS

mentais que a evolução semântica devia produzir no espírito dos clérigos da Idade Média, entre os quais o sentido antigo devia dissolver-se no encontro com o sentido novo. Os *milites* do Evangelho quase que só aparecem no episódio da Paixão. Estão à frente dos carrascos de Cristo. Eis aí com que alimentar a hostilidade da maioria dos clérigos da Idade Média em relação aos *milites* — mesmo os clérigos saídos da aristocracia militar e conscientes dos interesses comuns entre as duas classes dominantes, a eclesiástica e a leiga. O debate do clérigo e do cavaleiro é também um lugar-comum da literatura da época de São Francisco.

Às vezes mesmo, os textos evangélicos forneciam aos franciscanos um vocabulário próprio a pôr em relevo as oposições sociais que assumiam um sentido particular na sociedade contemporânea. Pode-se perguntar, por exemplo, se a distinção *populus-turba* (por exemplo, em Mateus 4, 23-25) não permite aos biógrafos de São Francisco melhor compreender e melhor exprimir a distinção entre as multidões indiferenciadas que se acotovelam nas cidades em torno de São Francisco e as formações "populares" recentes das quais ele constata a existência e a atividade no seio dessa luta de classes que tenta pacificar.[14]

---

[14]"E Jesus percorria toda a Galileia ensinando nas sinagogas e pregando o evangelho do reino e curando toda fraqueza e doença entre o povo (...). E grandes multidões da Galileia o seguiram" (*Et circuibat Jesus totam Galilaeam, docens in synagogis eorum et praedicans evangelium regnum, et sanans omnem languorem et omnes infirmitatem in populo (...). Et secutae sunt eum turbae multae de Galilaea*) (Mateus 4, 23-25). "Muitas pessoas do povo, nobres e não nobres, clérigos e leigos, puseram-se a se aproximar de São Francisco" (*Coeperunt multi de populo, nobiles et ignobiles, clerici et laici ad sanctum Franciscum accedere*) (I Cel. 37, p. 30). "Pai Francisco, tendo deixado as multidões seculares, que acorriam com uma grande devoção a cada dia para ouvi-lo e vê-lo..." (*Pater Franciscus relictis saecularibus turbis, quae ad audiendum et videndum eum quotidie devotissime concurrebant...*) (I Cel, 91, p. 69).

JACQUES LE GOFF

Se portanto há uma certa defasagem entre o vocabulário bíblico e o vocabulário corrente no início do século XIII, e uma defasagem entre o vocabulário e as realidades sociais da época, a inadequação que disso resulta na linguagem é contrabalançada pela necessidade em que o próprio São Francisco se encontra de tirar do Evangelho as palavras de que tem necessidade para estar em dia com o seu tempo. E o próprio estudo desse jogo sutil da utilização do vocabulário bíblico nos informa sobre as necessidades e as realidades da época. Uma palavra caída em desgraça, outra perfeitamente adequada, os falsos sentidos e os contrassentidos, a necessidade de recorrer a um neologismo e toda a gama de escorregadelas e impropriedades semânticas são preciosos indícios.

Dificuldades inerentes aos textos escolhidos

Textos de São Francisco. A autenticidade de alguns textos de São Francisco — sobretudo de algumas cartas — é duvidosa.[15] É lamentável para nosso propósito que, por exemplo, a *Carta a todos os governantes* não esteja, em tudo que concerne à literalidade do texto, acima de qualquer suspeita. Parece-nos, aliás, que um estudo interno sistemático do vocabulário do conjunto das obras atribuídas a São Francisco poderia permitir uma abordagem mais perfeita dos problemas de autenticidade.

Dois dos textos mais importantes de São Francisco foram redigidos sob influências externas. A *Regula bullata* é um compromisso entre o texto preparado pelo santo e os pedidos de modificação apresentados por alguns companheiros de São

---

[15]O estudo mais sério é o de G. CAMBELL, "Les écrits de saint François d'Assise devant la critique", *Franziskanische Studien*, 36, 1954, pp. 82-109 e 205-264.

SÃO FRANCISCO DE ASSIS

Francisco e pela cúria romana. Mas aqui a comparação com o texto da Regra composta pelo santo é, no próprio plano do vocabulário, esclarecedora.

Inversamente, o *Testamento* é um texto ditado pelo santo em circunstâncias que, acreditam alguns, revelam a influência de companheiros "extremistas".[16] Aqui também, ainda que de maneira menos convincente, a comparação com outros textos, especialmente as regras, deve trazer luz.

Textos dos biógrafos. Todos esses textos são tributários, em graus diversos, dos tratados devidos ao mais antigo e mais importante de todos, Tomás de Celano. Frases inteiras, às vezes, são repetições dele *ad verbum*. Se essas variações em torno de um modelo, de uma fonte, podem permitir finas análises comparativas, também frequentemente condenam esses esforços a não passarem de exercícios de uma sutileza perigosa.

Sobretudo, o parentesco de todos esses textos exclui uma família franciscana completa, aquela da tendência dos futuros "Espirituais", cujo primeiro objeto de desacordo com a tendência "ortodoxa" é precisamente a interpretação da pessoa de São Francisco, da natureza de suas intenções, de sua espiritualidade, de sua atividade, de sua obra. Seria preciso, apesar dos consideráveis problemas de data, de autenticidade, de atribuição que os textos trazem, comparar com os nossos textos aqueles, conservados e publicados,[17] que parecem se originar desse grupo não representado aqui e que se liga aos "três companheiros", os *tres socii*, o principal dos quais foi sem dúvida Frei Leão. Mas um primeiro contato com esses textos confirma uma suposição que poderia ser feita *a priori*:

---

[16]É a tentativa de K. ESSER, *Das Testament des Hl. Franziskus von Assisi. Eine Untersuchung über seine Echtheit und Bedeutung*, Münster/W., 1949.

[17]Encontrar-se-á a lista deles, com uma breve apresentação, em O. ENGLEBERT, *Vie de saint François d'Assise*, Paris, 1956 , pp. 400-404.

a tendência "espiritual" é, em sua mentalidade, em seus escritos, em seu instrumental conceitual e verbal, a mais "associal", a menos realista de todas, a mais hostil ao mundo: ela se apressa, como os cátaros — com os quais, de resto, não tem qualquer ligação direta —, a purificar o mundo ignorando suas estruturas sociais, uma das encarnações impuras de sua malignidade.

OS ELEMENTOS DO VOCABULÁRIO DAS CATEGORIAS SOCIAIS

Em São Francisco (segundo seus escritos e segundo seus biógrafos)

A visão social de São Francisco parece se ordenar em torno de três sociedades: a sociedade celeste, a sociedade terrestre constituída pelo conjunto do povo cristão, e a sociedade particular formada por ele próprio e seus irmãos, para a qual ele busca definir um papel de mediação privilegiada entre as duas sociedades precedentes.

A sociedade celeste

Se, para designar Deus, São Francisco recorreu aos tratamentos correntes de "Senhor" e de "Rei", ele não desenvolve as referências às hierarquias feudal e monárquica existentes nos termos *Dominus* e *Rex*. Na enumeração da sociedade celeste que se acha na primeira Regra,[18] se ele chama Deus de "rei do céu e da terra" (*Rex coeli et*

---

[18]I *Regula*, XXII.

SÃO FRANCISCO DE ASSIS

terrae) e o Cristo de "Nosso Senhor" (*Dominus noster*), enumera a hierarquia celeste — da Virgem, dos arcanjos e anjos até os santos — fora de todo vocabulário feudal ou monárquico, contentando- -se com tratamentos propriamente religiosos e litúrgicos. Parece estranho à moda dionisiana* da época, estabelecendo, sobre o modelo feudal, uma simetria entre sociedade celeste e sociedade terrestre. Não parece que São Francisco tenha estabelecido ne- nhuma correspondência entre as duas sociedades enumeradas ao longo de toda a primeira Regra. Se a sociedade celeste obedece a uma ordem hierárquica, de Deus aos santos, não há nenhuma ordem na enumeração da sociedade terrestre.[19]

Se *Rex* permanece um termo relativamente raro para designar Deus, *Imperator* não aparece nunca nos escritos de São Francisco e entre seus biógrafos o santo só chama uma vez Deus de o Grande Imperador (*Magnus Imperator*: II Cel, 106, p. 193). São Francisco também não menciona nunca o Imperador na sociedade terrestre, abstendo-se totalmente, assim, de lhe dar *uma* cabeça (tendência

---

*Como revela pouco atrás, no capítulo "Suas dificuldades", a nota 1 do subtítulo refe- rente à *"Weltanschauung* religiosa", sobre o livro de R. ROQUES, o adjetivo "dionisiano" no caso se refere ao Pseudo-Dionísio, filósofo grego do fim do século IV ou início do século V cujos escritos trataram da existência de uma hierarquia celeste. *(N. do T.)*

[19]"(...) todas as ordens seguintes, os padres, os diáconos, os subdiáconos, os acólitos, os exorcistas, os leitores, os porteiros e todos os clérigos, todos os religiosos e todas as religiosas, todos os pequenos sejam meninos ou meninas, pobres e indigentes, reis e príncipes, trabalhadores e agricultores, servos e se- nhores, todas as virgens castas ou casadas, leigos, homens e mulheres, todas as criancinhas, adolescentes, jovens e velhos, sadios e doentes, todos os humildes e grandes e todos os povos, famílias, tribos e línguas, todas as nações e todos os homens por toda parte sobre a terra, que são e que serão (...)" (*...omnes sequentes ordines: sacerdotes, diaconos, subdiaconos, acolythos, exorcistas, lectores, ostiarios et omnes clericos, universos religiosos et religiosas, omnes pueros et parvulos et parvulas, pauperes et egenos, reges et principes, laoratores et agricolas, servos et dominos, omnes virgines et continentes et maritatas, laicos, masculos et feminas, omnes infantes, adolescentes, iuvenes et senes, sanos et infirmos, omnes pusillos et magnos et omnes populos, gentes, tribus et linguas, omnes nationes et omnes homines ubicumque terrarum, qui sunt et erunt...*) (I Regula, XXIII).

138   JACQUES LE GOFF

"igualitária", talvez ao mesmo tempo um reflexo guelfo?). Nos episódios de sua vida, o único imperador mencionado é Otão IV que, em 1209, passa perto de Assis, onde estão Francisco e seus primeiros irmãos. Mas ele evita radicalmente se misturar com os basbaques que vão admirar a pompa imperial e proíbe que seus irmãos participem disso, com exceção de um único, encarregado de ir, através de clamores incessantes, lembrar ao Imperador que sua glória não durará.[20] Quanto a ele próprio, afirma que a única coisa que teria dito ao Imperador seria que ele ordenasse por edito a todos os possuidores de trigo e de grãos que com eles juncassem as ruas para permitir que participassem da festa os pequenos pássaros "e sobretudo as irmãs cotovias".[21] Seus biógrafos só mencionam entre os reis e rainhas do tempo o rei e a rainha da França, quer dizer, Branca de Castela e seu filho São Luís, soberanos de um país pelo qual Francisco tinha especial predileção, por causa da piedade particular e especificamente do fervor eucarístico que tinha por ambos, benfeitores dos Frades Menores desde a primeira hora, logo associados à vida espiritual e litúrgica da Ordem.

Mas o título que com mais gosto Francisco dá a Deus é o de *Pater*, de "Pai", seu modelo social ideal por ser um modelo familial.[22] Tem a mesma sensibilidade em relação à Virgem Maria, *Domina* et *Regina*, "Senhora" e "Rainha",[23] pois nela vê principalmente a primeira das criaturas, ligada à Trindade Divina através de relações de família por excelência, "filha" e "serva" do Pai,[24] "esposa" do Espírito Santo,[25] e, mais que tudo,

---

[20]II Cel, 106, p. 193.
[21]*Ibid.*, 200, p. 244.
[22]"Todo-poderoso, altíssimo, santíssimo e supremo Deus, Pai santo e justo, Senhor Rei do céu e da terra" (*Omnipotens, altissime, sanctissime et summe Deus, Pater sancte et juste, Domine Rex coeli et terrae...*) (I *Regula*, XXIII).
[23]*Salutatio Virginis Mariae*, I.
[24]*Officium Passionis*, I, C, 12.
[25]*Ibid.*

SÃO FRANCISCO DE ASSIS

seguramente, "mãe" de Cristo. Mas ela é também o modelo das criaturas, "santa",[26] "pobre",[27] "doce e bela".[28]

Satã, se é o "pai do filho ruim",[29] não é entretanto jamais chamado de *príncipe* das trevas ou dos espíritos malvados, como se Francisco quisesse cuidadosamente evitar tudo que pudesse se parecer com maniqueísmo. Chama-o simplesmente de *diabolus* ou *Satanas*, enquanto que seus biógrafos recorrem por vezes às perífrases tradicionais, do tipo de "inimigo antigo" ou "serpente antiga".

No que concerne aos demônios, os biógrafos nos indicam uma comparação reveladora. Os demônios são para Francisco os *gastaldi** do Senhor, agentes de suas punições. A isso Francisco acrescenta, maliciosamente, uma referência às cortes dos grandes, dos *magnati*.[30] Concepção pessimista do poder e dos agentes de repressão, ligados não apenas ao pecado original do homem, mas à rebelião dos anjos maus. Sem ir tão longe quanto

---

[26]*Ibid.*

[27]I *Regula*, IX, 6; *Regula Clarissarum*, II, 1; I *Epistola*, 5.

[28]Oração *Sancta Dei Genitrix Dulcis et Decora* (obra de origem duvidosa).

[29]I *Regula*, XXI, 8-9.

*O latim medieval *gastaldus* designava especificamente na Lombardia, no princípio, um importante agente do poder real. Encarregados da administração de um único domínio, no início, os *gastaldi* acabaram por usurpar as atribuições dos duques e até a exercer integralmente a administração de regiões conquistadas. Uma tradução aproximada seria "feitor", "administrador" (o italiano moderno tem a forma *gastaldo*, com esse sentido). Mas, no texto de Francisco que se segue — ver nota seguinte — "agente(s)", como o Autor usou (francês *agent*), parece ser mesmo o melhor sentido. (*N. do T.*)

[30]"Os agentes de Nosso Senhor são os demônios, destinados por ele a punir os excessos (...) e é por isso talvez que ele permite que seus agentes invistam contra mim, porque minha casa não tem um bom aspecto para alguém que pertença à corte dos grandes" (*Daemones sunt gastaldi Domini nostri, quos destinat ipse ad puniendos excessus... sed potest esse quod ideo gastaldos suos in me permisit irrumpere, quia non bonam speciem aliis praefert mansio mea in curia magnatorum*) (II Cel, 120, p. 201). São Boaventura, que se refere a essa passagem (*Legenda maior*, VI, 10, p. 586), não fala de *gastaldi*.

140 JACQUES LE GOFF

João de Meung* no pessimismo político, Francisco esboça aqui, à maneira dos teólogos, uma crítica do poder e dos poderes, que voltaremos a encontrar.

A sociedade franciscana

São Francisco considera ele próprio e seus irmãos sob três perspectivas:

— *De um ponto de vista positivo*, neutro, em relação à situação deles no momento da entrada na fraternidade, eles são um resumo da sociedade terrestre, uma vez que pertencem às duas ou três categorias que podemos distinguir na sociedade — acrescentemos: nos esquemas eclesiásticos da época. Há, realmente, entre eles, simultaneamente: 1) "clérigos" e "leigos" (*clerici-laici*);[31] 2) "instruídos" e "ignorantes" (*litterati-illitterati*);[32] 3) membros de

---

*Escritor francês (1240-pouco antes de 1305), também conhecido em sua época como Jean Clopinel ou Chopinel, é autor principalmente da segunda parte do *Romance da Rosa* (*Roman de la Rose*). Vários manuscritos atribuem a ele também uma obra sobretudo satírica, *Testamento*. Clérigo de ideias ousadas, as enciclopédias o definem como um espírito de ciência um tanto confusa, mas um poeta satírico cheio de verve, inimigo das mulheres e dos formalismos, o mais "moderno" dos autores do século XIII. (*N. do T.*)

[31]Por exemplo: "todos os meus irmãos (...) tanto clérigos como leigos" (*omnes fratres meos... tam clericos quam laicos*) (I *Regula*, XVII); "Logo, numerosos homens bons e idôneos, clérigos e leigos, fugindo do mundo e esmagando corajosamente o diabo pela graça e a vontade do Altíssimo, o seguiram devotamente quanto à vida e quanto à intenção dele" (*Statim namque quamplures boni et idonei viri, clerici et laici, fugientes mundum et diabolum viriliter elidentes gratia et voluntate Altissimi, vita et proposito eum devote secuti sunt*) (I Cel, 56, p. 43).

[32]Por exemplo: "queria que os grandes se unissem aos pequenos, que os sábios se ligassem aos simples por uma afeição fraternal, que os isolados se juntassem aos isolados por um laço de amor. Ah, disse, que todos os religiosos que estão na Igreja formem um único capítulo geral! Que os instruídos e os iletrados se harmonizem" (*uniri volebat maiores minoribus, germano affectu coniungi sapientes simplicibus, longinquos longinquis amoris glutino copulari... Ecce, ait, fiat omnium religiosorum qui in Ecclesia sunt unum capitulum generale! Quoniam igitur adsunt litterati et qui sine litteris sunt*) (*Act* 4, 13) (II Cel, 191, p. 240).

SÃO FRANCISCO DE ASSIS

cada uma das três ordens da *sociedade tripartite*, ou antes de duas das ordens da sociedade tripartite: "os que oram" e "os que trabalham", *oratores* e *laboratores*, assimilados aos clérigos e aos leigos.[33] Mas, neste último caso, sai-se já da sociedade positiva para entrar na sociedade ideal. Se Francisco exclui da totalidade da sociedade ideal os guerreiros, os *bellatores*, sem dúvida não é tanto em razão de uma concepção dualista e dialética da totalidade (dois opostos formam melhor um todo do que uma tríade), mas porque ele não concebe que sua ordem possa incluir guerreiros, o que dá ênfase a seu afastamento tanto da concepção tradicional de um monaquismo formado por *milites Christi* ["soldados de Cristo"] (concepção bernardina) como do esquema, mais moderno à época, de uma *Ecclesia* de três faces: *militans, laborans, triomphans* ["militante (ou 'guerreira'), laborante, triunfante"].[34]

— *De um ponto de vista normativo*, sua ordem (ou sua fraternidade) agrupa representantes do conjunto de duas elites sócio-espirituais: a elite de "todos os inferiores" (os frades são os *Menores* por excelência) — ponto de vista particularmente importante para nós porque prepara o catálogo das categorias sociais desprezadas, primeiro qualificando-se a si mesmo: *servus* (servo),[35] *minister* (servidor),[36] *rusticus* (camponês e iletrado),[37]

---

[33]*Omnes fratres meos predicatores, oratores, laboratores"* (I *Regula*, XVII). Não creio que seja um engano ver nessa frase um esquema tripartido original no qual os *predicatores* substituiriam os *bellatores*, pois a pregação é uma espécie de combate pela palavra. Os *oratores* vinham habitualmente à frente e parece que se tem aí uma união: a *oratores, laboratores* imediatamente faz eco *tam clericos quam laicos.*

[34]Cf. Ch. Thouzellier, "Ecclesia militans", em *Études d'histoire du droit canonique dédiés à Gabriel Le Bras*, Paris, 1965, II, pp. 1407-1423.

[35]I Cel, 53, p. 4. "Frei Francisco seu servidor e súdito" (*Frater Franciscus eorum servus et subditus*) (*Epistola omnibus fidelibus*).

[36]*Ibid.*

[37]*Ibid. et ap.* Juliano de Spira, 33, p. 351; boaventura, *Legenda maior*, VI, 1, p. 582.

JACQUES LE GOFF

mercenarius (não produtor, dependente econômico),[38] *alpigena* (montanhês e iletrado),[39] *mercator* (mercador) —, enumerando em seguida as categorias com as quais os Frades Menores deviam se tornar parecidos: "as pessoas vis e desprezadas, os pobres e fracos, os doentes, os leprosos, à semelhança dos mendicantes" (*viles et despectas personas, pauperes et debiles, infirmos, leprosos, juxta viam mendicantes*).[40] Quanto a isso, três categorias parecem particularmente "recomendáveis" a Francisco: os "ignorantes" (*idiotae*, termo ainda mais radical do que *illitterati*), os "submissos" (*subditi*), e mais que todos os "pobres" (*pauperes*).[41] Duas observações se impõem aqui. Em primeiro lugar, Francisco sente a necessidade de tornar preciso aquilo que entende por pobres, com medo de que seus irmãos o entendessem como o conceito um tanto vazio de conteúdo do qual tantos padres abusavam, ou repetiam maquinalmente: a pedra de toque da pobreza socialmente concreta é a *mendicidade*. Francisco também — depois de ter chamado a atenção dos irmãos para a posse do objeto maldito por excelência, o "dinheiro" (*pecunia*) — acrescenta que em caso de necessidade eles devem mendigar dinheiro, *sicut alii pauperes*, "como os outros pobres", nem hesitemos em traduzir como os *verdadeiros* pobres.[42] Depois, o privilégio

---

[38]*Ibid.*, Tomás de Celano acrescenta: *"mercenarium* et inutilis", réplica provável à doutrina da *utilitas* que estava na moda no meio dos juristas e de governantes urbanos. Francisco não é o único a protestar então contra essa moda do "utilitarismo".

[39]*"Alpigena et mercator"* (HENRI D'AVRANCHES, *Legenda versificata*, VII, 116, p. 452). "Ele se denominava de preferência montanhês e mercenário/Censurando-se por ser incapaz e rústico" (*Sed magis alpigenam mercenariumque vocavit/Improperando sibi quod iners et rusticus esset*) (*idib.*, XII, 8-9, p. 515).

[40]I *Regula*, IX.

[41]"E éramos ignorantes e submissos a todos" (*Et eramus idiotae et subditi omnibus*) (*Testamentum*, 4). Sobre a pobreza e os pobres nos escritos de São Francisco, cf. P. WILLIBRORD, *Le Message spirituel, op. cit., s.v.* "Pauvreté", pp. 284-288. S. CLAREN, "Die Armut als Beruf: Franziskus von Assisi", em *Miscellanea Mediaevalia*, III, Berlim, 1964, pp. 73-85.

[42]I *Regula*, II.

SÃO FRANCISCO DE ASSIS

reconhecido por Francisco para as três seguintes categorias dá ênfase ao fato de que para ele os três grandes males, os três polos mais repulsivos da sociedade são: a ciência [sabedoria], o poder e a riqueza.

— *Enfim Francisco convida seus irmãos a realizar o modelo de uma outra elite: a família.* Sua ordem deve ser em primeiro lugar, propriamente, mais uma *fraternidade*, uma *confraria*, de tipo leigo, do que uma ordem de tipo religioso, eclesiástico, mas finalmente ele terá de se resignar com este tipo. Desses irmãos ele será o *pai*, segundo o modelo divino, pois Deus é para ele em primeiro lugar, como foi visto, um Pai.[43] Mas é uma estrutura familiar totalmente estranha que ele recomenda a seus irmãos. Seu amor *fraternal* deve ser, na verdade, de natureza *maternal*:[44] os que vivem nos eremitérios devem se dividir dois a dois em *mãe e filho*, distinção que corresponde também à de Marta e Maria, entre vida ativa e vida contemplativa.[45] A Frei Leão ele fala como uma mãe a um filho.[46] Por fim, na carta aos fiéis, quando ele se abandona ao sonho de uma sociedade leiga tornada totalmente

---

[43]Na narração da morte de São Francisco, Tomás de Celano escreve: "assim estão de acordo com ele muitos irmãos, dos quais ele era o pai e o chefe" *(convenientibus itaque multis fratribus, quorum ipse pater et dux erat)* (I Cel, 110, p. 86).

[44]"Que cada um ame e alimente seu irmão como uma mãe ama e alimenta seu filho" *(Et quilibet diligat et nutriat fratrem suum, sicut mater diligit et nutrit filium suum)* (I Regula, IX).

[45]"Que aqueles que querem viver religiosamente nos eremitérios sejam três irmãos ou quatro no máximo. Que dois dentre eles sejam as mães e tenham dois filhos ou pelo menos um. Aqueles, porém, se comportem como Marta e os outros dois como Maria Madalena" *(Illi qui volunt religiose stare in heremis sint tres fratres aut quatuor ad plus. Duo ex ipsis matres et habeant duos filios vel unum ad minus. Illi autem tenant vitam Marthe et alii duo vitam Marie Magdalene) (De religiosa habitationi in eremo).* [Em latim havia realmente a duplicidade ortográfica *heremus/eremus*, observando-se, no caso, a primeira forma no texto corrido e a segunda no título]

[46]"Assim te digo, meu filho, assim como mãe". *(Ita dico tibi, fili mi, et sicut mater...)* *(Epistola ad fratrem Leonem).*

espiritual, depois de ter lembrado o modelo da *servidão* e da *submissão (servi et subditi)*, invoca um ideal de família no qual os fiéis se transformem em *esposos, irmãos e mães do Cristo*, de acordo com uma ascese espiritual explicada com precisão.[47]

Referência familial que se nos apresenta ainda mais espantosa porque não parece ter tido correspondência na vida pré-religiosa de São Francisco. Aqui, é bem verdade, devemos sobretudo nos fiar nos biógrafos que, se insistem no conflito com o pai no momento da conversão e se são duros com os pais quanto à educação dada a Francisco, só se comportam assim por seguirem os lugares-comuns da hagiografia que dão ênfase ao contraste entre a vida do santo antes e depois de sua conversão e a ruptura com os vínculos terrestres encarnados pela família. Esses lugares-comuns vivificados e reforçados pelo modelo cristológico é que dominam toda a biografia franciscana. Também aqui, como Cristo, Francisco cumpre ao pé da letra a palavra do Evangelho: *"Veni enim separare hominem adversus patrem suum, et filiam adversus matrem suam..."* ["Vim na verdade separar o homem de seu pai e a mulher de sua mãe..."], nesse famoso capítulo 10 de Mateus cuja leitura por um padre em Porciúncula no fim de 1208 ou no começo de 1209 desempenhou um papel decisivo na sua conversão. Poderiam ser escla-

---

[47]"E serão os filhos do Pai celeste (...) do qual cumprem as obras e são os esposos, os irmãos e as mães de Nosso Senhor Jesus Cristo. Somos esposos quando nossa alma fiel a Jesus Cristo se une ao Espírito Santo. Somos seus irmãos, quando fazemos a vontade de seu Pai. (...). Somos suas mães, quando o trazemos em nosso coração e nosso corpo por amor e por pura e sincera consciência o geramos por uma santa operação que deve brilhar aos olhos dos outros como um exemplo" *(Et erunt filii Patris celestis {Mt 5, 35} cuius opera faciunt, et sunt sponsi, fratres et matres Domini nostri Iesu Christi. Sponsi sumus, quando Spiritu Sancto coniungitur fidelis anima Iesu Christi. Fratres eius sumus, quando facimus voluntatem Patris eius {Mt 12, 50}. Matres eius sumus, quando portamus eum in corde et corpore nostro per amorem et puram et sinceram conscientiam parturimus eum per sancta operationem que lucere debet aliis in exemplum...) (Epistola ad fideles, 9).*

SÃO FRANCISCO DE ASSIS

recidas essas coisas obscuras, essas aparentes contradições com a psicologia individual de Francisco, ou com uma análise, até uma psicanálise da psicologia coletiva do grupo franciscano primitivo? Sem negar seu eventual interesse, não me reconheço capaz de aventurar-me a uma pesquisa tão sujeita a equívocos. Contentemo-nos em observar que, para um Francisco de Assis, no início do século XIII, um modelo familial do tipo restrito tem o valor de um esquema social ideal.

A sociedade terrestre cristã

O apostolado de Francisco — já o dissemos e a isso voltaremos — se dirige a todos. Essa preocupação missionária Francisco fundamenta em uma necessidade profunda de abranger, globalmente e discriminadamente, toda a sociedade.

Por duas vezes ele enumerou os componentes dessa sociedade total. Na *Carta a todos os fiéis*, contenta-se com uma enumeração segundo o *estado religioso*, seguindo a divisão vulgar em *clero regular, clero secular, laicato (religiosi, clerici, laici)*, com uma enumeração segundo os sexos ("homens e mulheres" — *masculi et femina*), que resume e completa pela expressão vaga "todos aqueles que habitam no mundo inteiro" (*omnes qui habitant in universo mundo*).

No capítulo XXIII da primeira Regra, é muito mais explícito. Começa por uma enumeração do mundo religioso, na qual distingue as "ordens eclesiásticas" (*ecclesiastici ordines*, a saber *sacerdotes, diaconi, subdiaconi, acolythi, exorcistae, lectores, ostiarii*) que completa pela menção de todos os "clérigos" e todos os "monges", entre os quais distingue "religiosos" e "religiosas" (*omnes clerici, universi religiosi et religiosae*). Passando à sociedade leiga, nomeia primeiro as crianças, meninos e meninas (*omnes pueri, parvuli et parvulae*), depois os "pobres" e "indigentes" *(pauperes et egeni)*, os "reis" e os "príncipes" *(reges et principes)*, os "trabalhadores" e "camponeses" *(laboratores, agricolae)*, os "servos" e os "senhores" *(servi et domini)*, as mulheres "virgens, castas" ou "casadas" *(omnes virgines et continentes et maritatae)*, os "leigos, homens e mulheres" *(laici, masculi et feminae)*, "crianças, adolescentes, jovens e velhos" *omnes infantes, adolescentes, iuvenes et senes)*, as "pessoas de boa saúde" e os "doentes" *(sani et infirmi)*, os "pequenos e os grandes" *(pusilli et magni)*, enfim todos os "povos, populações, tribos, grupos linguísticos, todas as nações e todos os homens por toda a terra, presentes e futuros" *(et omnes populi, gentes, tribus et linguae, omnes nationes et omnes homines ubicumque terrarum, qui sunt et erunt...).*[48]

Podem ser reconhecidas aqui muitas das preocupações maiores de São Francisco: a preocupação com a totalidade que se nota tanto nas palavras *(omnes, universus, ubicumque)* [todos, todo, em toda parte] como na sequência das categorias enumeradas e a extensão social, geográfica, cronológica; a deferência a respeito dos padres e do mundo eclesiástico; a atenção às crianças, originada simultaneamente do modelo evangélico e cristológico e da evolução da sensibilidade da época, a prioridade dada aos fracos em relação aos fortes (pobres citados antes dos reis, mundo do trabalho: *laboratores* — "lavradores" da elite rural ou trabalhadores das cidades? —, *agricolae, servi*, antes dos senhores, pequenos antes dos grandes); preocupação missionária que abrange todos os povos da terra.

É mais importante para o nosso objetivo fazer duas observações. Em primeiro lugar, São Francisco mistura muitos esquemas

---

[48]Ver *supra*, nota na p. 137.

SÃO FRANCISCO DE ASSIS

de descrição da sociedade, seguindo muitos critérios: o estado religioso, a idade, o sexo, a fortuna, o poder, a ocupação profissional, a nacionalidade. Não há nisso apenas uma utilização de esquemas familiares à ideologia cristã, utilização preocupada em desestruturar os esquemas de tipo socioprofissional de modo a negar a divisão em classes e o objetivo dessa divisão para manter o peso de sua dominação ideológica sobre uma sociedade dividida à sua conveniência.[49] Há sobretudo o desejo de considerar a sociedade como um conjunto de categorias não hierarquizadas de um ponto de vista espiritual e, reverência feita ao mundo eclesiástico, todas iguais no plano da salvação ou, se se quer achar privilegiados neste caso, a vantagem fica com os desfavorecidos aqui na terra.

A seguir, São Francisco usa de preferência esquemas múltiplos ou bipartidos preferencialmente a esquemas tripartidos, entretanto em moda na época. Provavelmente os esquemas múltiplos lhe pareciam a um tempo mais concretos, mais próximos da sociedade real que se trata de salvar sabendo dirigir-se a ela, e mais afastados de uma hierarquização que ele quer ignorar. Quanto aos esquemas bipartidos, representam o tipo de oposição terrestre que ele quer destruir pela associação fraternal, à imagem de sua fraternidade que acolhe clérigos e leigos, letrados e iletrados, etc. Os esquemas tripartidos, em compensação, por ele são vistos, sem dúvida, como o tipo de esquema de caráter *erudito*, instrumento daqueles clérigos vaidosos de sua ciência, daqueles novos ricos da cultura que lhe causam horror. A esses

---

[49]Sobre essa dessocialização da linguagem, cf. J. Le goff, "Les paysans et le monde rural dans la littérature du haut Moyen Âge (V-VI siècles)", em *L'agricoltura e il mondo rurale nell'alto medioevo. Settimane di Studio del Centro italiano di studi sull'alto medioevo* (Spoleto), XIII, 1966, pp. 723-741, reeditado em *Pour un autre Moyen Âge*, Paris, 1977, pp. 131-144.

esquemas tripartidos ligam-se, aliás, as noções de hierarquia que gravitam em torno do termo *ordo* [ordem]. No esquema, clássico desde o século XI, da sociedade tripartite, a terceira ordem, a dos *laboratores*, está submetida às duas ordens superiores dos *oratores* e dos *bellatores*, exatamente como, no Gênesis, Deus submeteu Cam a Sem e a Jafé.[50]

Aliás, São Francisco não emprega o termo ordem a não ser na expressão aqui utilizada para designar as ordens eclesiásticas, termo puramente técnico, depois que o forçaram a renunciar à concepção de uma fraternidade — conflito significativo —, para se referir à sua ordem dos Menores.

Em compensação, encontra-se nos seus biógrafos o termo ordem ligado a um esquema tripartido. Mas, em um caso, trata-se das três ordens fundadas por São Francisco: os Menores, as Clarissas e a Ordem Terceira.[51] Em outro caso, afirma-se que a doutrina franciscana assegura a salvação para qualquer ordem, qualquer sexo e qualquer idade.[52] De modo que, no primeiro caso, o termo está empregado fora de qualquer referência ideológica. No segundo, se bem que designe, contrariamente ao uso do próprio São Francisco, qualquer categoria social, está, no espírito do próprio São Francisco, associado às noções de idade e de sexo que lhe atenuam o alcance ideológico.

---

[50]Estudamos a formação e a significação desse esquema em uma "Nota" apresentada ao colóquio sobre "A formação dos Estados europeus, séculos IX-XI" (Varsóvia, 1965), cujas atas, aparecidas sob o título *L'Europe aux IX-XI siècles. Aux origines des États nationaux*, Instituto de História da Academia Polonesa das Ciências, Varsóvia, 1968; reeditado em *Pour un autre Moyen Âge, op. cit.*, pp. 80-90.

[51]"Esse santo (...) começando as três ordens célebres..." *(Iste sanctus... qui tres celebres ordines... inchoans...)* (Juliano de Spira, 15, p. 342).

[52]"Qualquer ordem portanto, qualquer sexo, qualquer idade tem em si as provas evidentes da doutrina da salvação" *(Omnis proinde ordo, omnis sexus, omnis aetas habet in ipso doctrinae salutaris evidentia documenta)* (I Cel, 94, p. 68).

SÃO FRANCISCO DE ASSIS

Assim, entre o único mundo celeste hierarquizado e a multiplicidade social de um mundo terrestre desordenado, Francisco sonha instaurar como mediadora a sociedade franciscana, cuja estruturação deve ser a negação e a conversão da desordem terrestre.

Entre os biógrafos

Encontram-se entre os biógrafos de São Francisco ora personagens constituindo conjuntos ou categorias dos quais é possível organizar a lista e que por vezes aparecem mesmo em lista, ora indivíduos designados por sua categoria social, mas de maneira isolada ou mesmo insólita.

As listas

Os conjuntos ou categorias sociais que aparecem de maneira maciça entre os biógrafos de São Francisco pertencem a três séries: os *ouvintes* do santo, os *hospedeiros* que o acolhiam, e os *beneficiários* ou *testemunhas* de seus milagres.

— *Os ouvintes*. O que domina muito naturalmente na descrição dos ouvintes é, ainda aqui, a preocupação com a totalidade, com a intenção de mostrar que a pregação do santo dirigia-se a todos e que seu sucesso era universal. Se bem que os biógrafos só dêem detalhes sobre o apostolado italiano, que absorveu de fato a maior parte da vida missionária de São Francisco, insistem na verdadeira ocupação territorial a que deu lugar esse apostolado: totalidade geográfica também aqui. Mas o modelo, se corresponde à realidade, é sempre evangélico e cristológico: São Francisco percorre cidades e aldeias (*civitates et castella*), segundo os mesmos termos empregados pelo Evangelho para descrever o apostolado de Jesus.[53] É possível, nessas condições, buscar uma exegese válida do vocabulário para tentar determinar se o apostolado de Francisco se estendia tanto ao meio rural quanto ao meio urbano?[54] De qualquer modo, os termos evangélicos se aplicavam muito ao tipo de hábitat agrupado em cidades e aldeias rurais com característica semiurbana da Itália central e setentrional. No fundo, Assis é o modelo do meio sociogeográfico no qual se exerce essencialmente a pregação de Francisco. Esse tipo de cidadezinha situada na proximidade de grandes estradas e amplamente abertas ao meio ambiente rural é, afinal, muito representativa de uma grande parte do Ocidente medieval.[55]

É preciso notar, porém, que as enumerações dos biógrafos, em seu desejo de sublinhar que as diferenças e os antagonismos sociais se apagam diante do prestígio do santo, acabam dando mais valor a essas divisões e essas tensões da sociedade do que às próprias palavras do santo.

O esquema é aquele da chegada do santo a um aglomerado humano; aos gritos: "O santo chegou, está aí o santo", a população se reúne — em geral na grande praça — para vê-lo, tocá-lo, ouvi-lo. Às vezes os biógrafos se contentam em dizer que está lá "todo o povo", "todo mundo" — *universus populus*.[56] Mais frequentemente informam com precisão. O santo se dirige principalmente aos leigos,[57] mas atrai tanto os clérigos como os leigos, esses clérigos podendo

---

[53]Mt 9, 35; I Cel, 62, p. 47.

[54]Cf. nossa investigação citada na p. 146, nota 4. Em Arezzo às voltas com a guerra civil, os biógrafos observam (menção isolada) que o santo é recebido "no burgo fora da cidade" *(in burgo extra civitatem)* (II Cel, 108), "no subúrbio" *(in suburbio)* (BOAVENTURA, *Legenda maior*, VI, 9).

[55]Sobre um tipo de hábitat vizinho, cf. G. DUBY, "Recherches récentes sue la vie rurale en Provence ao XIV siècle", *Provence historique*, 1965, pp. 97-111.

[56]I Cel, 62, p. 47.

[57]*Ibid.*, 31, p. 25.

SÃO FRANCISCO DE ASSIS

ser tanto os regulares como os seculares — precisão destinada a mostrar a estima em que o clero tinha Francisco, ou melhor, o prestígio de que goza o santo no meio clerical. Mas eis aí a supressão de uma das grandes barreiras da sociedade medieval, a que separa os clérigos dos leigos.[58] Da mesma forma acorrem todas as idades e todos os sexos — menção desimportante à primeira vista, que entretanto revela que na sociedade medieval mulheres e, num grau menor, velhos são categorias sociais depreciadas.[59] De um ponto de vista mais próximo da concepção moderna da estrutura social nas sociedades históricas, Francisco une os dois grupos opostos dos pobres e dos ricos (*pauperes-divites*) e *sobretudo* (é visivelmente aos olhos dos biógrafos a grande divisão social) dos *nobres* e dos *não nobres (nobiles-ignobiles)*.[60] Num texto interessante, em versos, é verdade, Henri d'Avranches opõe *pauper* [pobre] não a *dives* [rico] mas a *potens* [poderoso], acrescentando aí a divisão cultural, *simplex* [simples], não a *litteratus* [letrado] mas a *peritus* [experiente, conhecedor, sábio], manifestando que a superioridade social provém do poder, que é mais do que a riqueza e do que o

---

[58]Cf. G.H. WILLIAMS, *The Layman in Christian History*, Londres, 1963; "I laici nella società religiosa dei secoli XI-XII" (Colóquio de Passo della Mendola, 1965); A. FRUGONI, "Considerazioni sull' 'ordo laicorum' nella reforma gregoriana" (XI Congresso Internacional de Ciências Históricas, Estocolmo, 1960, *Résumés des communications*, pp. 119-120, *Actes du Congrès*, p. 136); A. VAUCHEZ, *Les Laïcs au Moyen Âge. Pratiques et expériences religieuses*, Paris, 1987.

[59]"Quando ele próprio entrava em alguma cidade, o clero ficava feliz, tocavam--se os sinos, os homens exultavam, as mulheres alegravam-se junto com eles, as crianças aplaudiam" (*Ingrediente ipso aliquod civitatem, laetabatur clerus, pulsabantur campana, exultabant viri, congaudebant feminae, applaudebant pueri*) (I Cel, 62, p. 47; cf. JULIANO DE SPIRA, 46, p. 357, e *Legenda monacensis*, 42, p. 706); "Os homens corriam, as mulheres também corriam, os clérigos iam à toda pressa, os religiosos aceleravam (...) gente de toda idade e de todo sexo se apressava" (*Currebant viri, currebant et femina, festinabant clerici, accelerabant religiosi... omnis aetas omnisque sexus properabat*).

[60]"E numerosas pessoas do povo, nobres e não nobres, clérigos e leigos começavam a se aproximar de São Francisco" (*Coeperunt multi de populo, nobiles et ignobilis, clerici et laici... ad sanctum Franciscum accedere*) (ibid.).

152 JACQUES LE GOFF

saber técnico (especialistas do direito e das artes mecânicas?) que ultrapassa a cultura clerical.[61]

Num outro texto, Tomás de Celano organiza uma lista detalhada de todos os fiéis, de todo gênero e todo tipo (*quicumque ac qualiscumque*), que constituem o ouvinte típico de Francisco: o "rico" e o "pobre", o "nobre" e o "não nobre", o "homem comum" e o "homem de qualidade" (*vilis-carus*), o "sábio" e o "simples" (*prudens-simplex*), o "clérigo" e o "iletrado",[62] verdadeiro resumo das divisões conscientes da sociedade.

— *Os hospedeiros*. Sem dúvida, não há necessidade de tirar conclusões muito estritas do fato de que, salvo exceções

---

[61]"E que não respeita mil poderosos mais do que um único pobre. Nem mil sábios mais do que um único simples" (*Verum non uno plus paupere mille potentes/Extimet, aut uno plus simplice mille peritos*) (*Legenda versificata*, IX, 176-177, p. 468).

[62]"Não importa que fiel, rico, pobre, nobre, não nobre, de pouco valor, de alto valor, prudente, simples, clérigo, ignorante, leigo no povo cristão" (*Aliquis, quicumque ac qualiscumque fidelis, dives, pauper, nobilis, ignobilis, vilis, carus, prudens, simplex, clericus, idiota, laicus in populo christiano...*) (I Cel, 31, p. 25). Desta lista pode-se aproximar aquela na qual Henri d'Avranches fez a relação de todas as categorias sociais cujos membros entraram na ordem dos Menores:

"Que nenhuma condição, destino ou idade
Seja recusada: que todos os que vierem sejam admitidos,
Sem discriminação, o bom e o mau, o alto e o baixo,
O rústico e o cavalheiro, o não nobre e o nobre,
O clérigo e o leigo, o rude e o distinto, o miserável
E o rico, o servo e o livre, o sadio e o doente.
Francisco recebe a todos com afeição piedosa"

... non conditio, fortuna vel aetas
Ulla recusatur: veniens admittitur omnis
Et sine delectu, bonus et malus, altus et imus,
Rusticus et miles, ignobilis et generosus,
Clericus et laicus, rudis et discretus, egenus
Et dives, servus et liber, sanus et aeger;
Affesctusque pio Franciscus suscipit omnes

(Legenda versificata, VI, 34-40, pp. 443-444).

SÃO FRANCISCO DE ASSIS

(o "pobre padre de San Damiano", os monges de Gúbio), os hospedeiros de São Francisco, que seus biógrafos designam por um vocábulo social, pertencem todos aos grupos superiores. Trata-se daqueles cuja memória fica e cuja menção indica que os meios franciscanos tinham de dar força à impressão produzida por São Francisco sobre a fina flor da sociedade. São os senhores (*domini*),[63] os grandes (*magnae personae*).[64] Se se trata de *magni principes* que foram convidados para uma refeição, Tomás de Celano faz, porém, questão de deixar claro que o santo comeu com absoluta indiferença.[65] Quando Henri d'Avranches mostra-o recebido por esses *magnates* que Francisco comparava sem qualquer simpatia aos *gastaldi* e aos demônios, é preciso lembrar que estamos às voltas, definitivamente, com o menos franciscano de seus biógrafos.[66] Por fim, quando, em Tuscanella, recebeu-o um cavaleiro, um *miles*, trata-se talvez, basicamente, de uma evocação evangélica, uma alusão ao centurião de que Jesus foi hóspede.[67]

— *Os beneficiários e testemunhas dos milagres.* Se aqui deixamos de lado os que não são designados por um termo propriamente "social" (*homo, mulier, puer, puella, caecus, insanus,* etc.) — e os animais —, nos 197 milagres narrados por Tomás de Celano em seu *Tractatus de miraculis*, 62 (pouco menos de

---

[63]"Se convidado por senhores..." *(Si quando invitatus a dominis...)* (II Cel, 72, p. 174).

[64]"Se convidado por grandes personagens" *(Si quando invitatus a magnis personis...)* (BOAVENTURA, *Legenda maior*, VII, 7, p. 589).

[65]I Cel, 51, p. 40.

[66]"Recebido a qualquer momento entre os grandes..." *(Inter magnates ut quandocumque receptus)* (*Legenda versificata*, VII, 113, p. 452).

[67]"Um cavaleiro dessa mesma cidade o recebeu como hóspede" *(Miles quidam eiusdem civitatis eum suscepit hospicio)* (I Cel, 65, p. 49).

uma terça parte) se referem a personagens designadas por sua qualidade social. Porém aqui mais ainda do que no caso dos hospedeiros a tradição guardou sobretudo os integrantes das categorias superiores. Quase a metade, 28, pertencem à nobreza ou à cavalaria: *nobilis* ou *nobiles* aparecem 11 vezes e a eles é preciso juntar nobres mulheres (*nobiles mulieres*, uma vez) e uma mulher de alta nobreza (*nobilissima*); senhores (*dominus*, uma vez, e *domina*, duas vezes), 1 grande príncipe (*magnus princeps*), 1 conde do palácio (*comes sacri palatii*), uma condessa (*comitissa*), 2 podestades (*potestas*), 7 cavaleiros (*miles*, cinco vezes; *eques*, uma vez; *duo viri loricati*, uma vez).

O mundo da clerezia e das profissões liberais não está representado mais do que 6 vezes (1 *canonicus*, 1 *frater praedicator*, 1 *scolaris*, 1 *notarius*, 1 *officialis*, 1 *iudex*). Os "burgueses" aparecem 5 vezes (*civis*, 4 vezes; 1 *popularis homo*). O mundo médico aparece 6 vezes (*medicus*, 4 vezes; *chirurgicus*, uma vez; uma vez *mulieres edoctae*, que são provavelmente sábias mulheres). O mundo rural está representado 6 vezes: a 1 *rusticus*, 1 *arator*, 1 *vir cum bobus* [ao pé da letra, "homem com bois", ou seja, pecuarista] é preciso acrescentar 2 *vinitores* e 1 *piscator*. Os marinheiros (*nautae*) aparecem duas vezes, os empregados domésticos duas vezes (1 *serviens*, uma *famula*), os artesãos uma única vez, e a referência é aos fundidores de sinos (*fusores campanarum*). Finalmente, os pobres só são mencionados 6 vezes (*pauper*, duas vezes; *mendicus*, duas vezes, uma vez *pauperculus* e uma *vetula extrema paupertate*).

Os isolados e os insólitos

Agrupamos aqui tipos sociais mencionados nos biógrafos de São Francisco, fora os grupos ou conjuntos estudados

SÃO FRANCISCO DE ASSIS

acima, e termos que trazem problemas, seja porque levantam questões controvertidas sobre a condição social e a ideologia social de São Francisco, seja porque introduzem aproximações inesperadas.

— *Os isolados: rusticus, artifex, latrones*. Ausentes ou mal representados nas listas que agrupam sobretudo membros de coletividades urbanas, os camponeses cruzaram mais frequentemente os caminhos solitários de Francisco: *rusticus* cândido e malicioso que aconselha o santo a estar à altura de sua reputação;[68] *rusticus* confiante que segue o santo subindo, na canícula estival, para um eremitério e para o qual Francisco fez jorrar de um rochedo água refrescante;[69] *rusticus* grosseiro e hostil que empurrou seu burro para dentro da pequena cabana de Francisco e de seus primeiros companheiros em Rivo Torto para expulsá-los de lá.[70]

Singularidade surpreendente, não aparece nos biógrafos mais do que um *artifex*[71] — esse mesmo provavelmente só porque Celano encontrou na Bíblia (Êxodo 38, 23)* a expressão *egregius artifex* [notável artesão].

Único também é aquele encontro com os bandidos que jogaram Francisco na neve, num dos episódios célebres de sua

---

[68]"Esforça-te, disse o camponês, para ser tão bom a fim de ser celebrado por todos, porque muitos confiam em ti" (*Stude, ait rusticus, adeo bonus esse, ut ab omnibus diceris, quia multi confidunt de te...*) (II Cel, 142, p. 212).
[69]*Ibid.*, 46, p. 159.
[70]I Cel, 44, p. 35.
[71]*Ibid.*, 37, p. 30.
*A referência é a Ooliab, filho de Aquisamec que auxiliou Beseleel a executar "tudo que Javé tinha prescrito a Moisés" para a construção da "Morada do Testemunho" (o tabernáculo). Ooliab é citado nessa passagem bíblica como "cinzelador, bordador, hábil em brocados de púrpura violeta e escarlate, de carmesim e de linho fino".

vida.[72] Bandidos entretanto familiares à sociedade medieval, mas que parecem mobilizados pelo biógrafo basicamente para a réplica: "Eu sou o arauto do grande Rei. — Fique prostrado, camponês arauto de Deus."[73] Arauto ou jogral — *(joculator)* — de Deus, como dele se dirá mais tarde? Francisco, nessa aventura, estará apresentado como personagem desse mundo de cavalaria espiritual ao qual por muito tempo foi ligado, ou como um desses vis profissionais, um desses *mercenarii* desprezados entre os quais ele gostava de se incluir?

— *O caso duvidoso do tipo social de origem de São Francisco: "miles" ou "mercator"?* Que Francisco tenha sido filho de um mercador de tecidos, itinerante como seus congêneres do início do século XIII, não há nenhuma dúvida. Que ele tenha levado na juventude aquele tipo de vida cavaleirosa cuja prática, como Marc Bloch demonstrou perfeitamente, permitia às vezes o acesso à própria cavalaria, isso também é certo, tanto que, quando foi feito prisioneiro pelos perusinos, esteve no cárcere dos cavaleiros.[74] Sobre essa contradição, Tomás de Celano insistiu nos primeiros episódios da biografia, fazendo de Francisco um comerciante hábil como os de sua classe porém pródigo como os nobres,[75] mas principalmente lembrando a vaidade de seus sonhos cavaleirosos: quando ele via em sonho uma casa cheia de armas, o biógrafo declara que

---

[72]*Ibid.*, 16, p. 15.

[73]*"Praeco sum magni Regis... — Iace, rustice praeco Dei."*

[74]II Cel, 4, p. 132.

[75]"Porque era riquíssimo, não avaro mas pródigo, não guardador de dinheiro mas dissipador de bens, comerciante hábil porém gastador futilíssimo" *(Quia praedives erat, non avarus sed prodigus, non accumulator pecuniae sed substantiae dissipator, cautus negotiator sed vanissimus dispensator)* (I Cel, 2, p. 7).

SÃO FRANCISCO DE ASSIS

mais conveniente seria que ele tivesse visto uma sala cheia de montes de tecidos.[76]

Convertido, Francisco — já o vimos — evita, para si e para os outros, a menção desses *milites* dos quais reprova a vaidade e a violência, e desses *mercatores* dos quais condena o amor ao dinheiro. Ocorre-lhe mesmo dar ênfase a sua origem medíocre: é o episódio da cavalgada com Frei Leonardo.[77] Francisco está montado, só havia um burrinho, enquanto Leonardo caminha a pé, ao lado. Leonardo, descontente, pensa consigo: "Seus pais e os meus não desfrutavam da mesma situação. E eis que ele cavalga enquanto eu vou a pé e conduzo seu burrinho." O santo adivinha o pensamento de Frei Leonardo e, apeando do burrinho, diz-lhe: "Meu irmão, não convém que eu cavalgue e que tu andes a pé, porque no século eras mais nobre e mais poderoso do que eu."* *Nobilior et potentior:* apesar de tudo, Francisco emprega um comparativo que trai, ainda que ele reconheça as hierarquias terrestres, sua recusa a considerar as classes como compartimentos estanques.

Fica a observação de que a maioria de seus biógrafos guardou para aplicar-lhe, depois de sua conversão, em um sentido espiritual, os termos *miles* e *mercator* (ou *negotiator*). É que essas palavras pertenciam ao vocabulário hagiográfico tradicional, com a ressalva que *negotiator*, termo da alta Idade Média, em geral substitui *mercator* que ainda não tinha adquirido sua carta

---

[76]"Pois que não estava acostumado a ver tais coisas em sua casa, mas de preferência montes de panos para vender" *(Non enim consueverat talia in domo sua videre sed potius pannorum cumulos ad vendendum)* (I Cel, 5, pp. 8-9).

[77]II Cel, 31; BOAVENTURA, *Legenda maior*, XI, 8, p. 608.

*O episódio também está narrado, q.v., no subtítulo "São Francisco medieval ou moderno", o último do capítulo II, *À procura do verdadeiro São Francisco*. Há uma pequenina diferença ("puisque"/"car") na fala de São Francisco numa e noutra citação, registrada também na tradução ("pois"/"porque"). (*N. do T.*)

JACQUES LE GOFF

de nobreza. Francisco então se torna, de um lado *negotiator evangelicus*,[78] de outro *miles Christi*,[79] *miles fortissimus in castris hujus saeculi*,[80] *doctissimus miles in castris Dei*.[81] São os autores poéticos e não os franciscanos que mais forçam essa aplicação a Francisco de um vocabulário militar e cavaleiroso que lhe cai mal. Se *dux* é empregado não apenas por Henri d'Avranches,[82] mas também por Juliano de Spira[83] e São Boaventura,[84] é o papa Gregório IX que leva a palma da transfiguração de Francisco na Seqüência *Caput draconis* composta em honra do *Poverello*, que nela se torna *princeps inclytus*.[85]

— *O caso equívoco dos "magistri et doctores": São Francisco e os universitários.* Tratar da atitude de São Francisco em rela-

---

[78]"Ele se torna negociante evangélico" *(Evangelicus negociator efficitur)* (JULIANO DE SPIRA, I, 3, p. 337).

[79]I Cel, 8, p. II. A expressão é paulina: 2 Tim 1, 3. Tomás de Celano, usando essa imagem tradicional, com isso quer sublinhar mais a originalidade de São Francisco escrevendo: "*novus* Christi miles..." Cf H. FELDER, *Der Christusritter aus Assisi*, Zurique e Alstetten, 1941.

[80]I Cel, 93, p. 71.

[81]*Ibid.*, 103, p. 180.

[82]"Assim pois espelho dos maiores, e chefe dos Menores,/Porque menor na terra é maior no céu" *(Sic igitur speculum maiorum, duxque Minorum,/Quo minor in terris est maior in aethere) (Legenda versificata*, XIV, 82-83, p. 488). Mas a fonte é talvez a narração já citada da morte de Francisco em Tomás de Celano: "*ipse pater et dux erat*" (I, 110, p. 86), e é uma fórmula tomada de empréstimo ao Novo Testamento: "*ipse dux erat*" (At 14, 11).

[83]"Irmãos que [sois] pessoalmente militantes sob [o comando de] tão grande chefe" *(Fratres, sub tanto duce personaliter militantes....)* (23, p. 346).

[84]"E ele próprio como bom chefe do exército de Cristo" *(Et ipse tanquam bonus dux exercitus Christi) (Legenda maior*, V, 10, p. 577, e XIII, 10, p. 620).

[85]Inspirado pelo Sl 73, 12 [Na verdade, trata-se do versículo 13 do Salmo 73 da tradução latina da Bíblia, ou 74 da Bíblia hebraica (*N. do T.*)]: "Esmagaste a cabeça do dragão" *(Tu confregisti capita draconis)*, o hino é de vocabulário marcadamente militar e cavaleiroso (p. 401). Sobre o tema *dux*, Tomás de Cápua, cardeal de Santa Sabina, tinha composto em honra de Francisco um *Hino* para as vésperas que Juliano de Spira incorporou a seu *Officium rythmicum* (p. 386).

SÃO FRANCISCO DE ASSIS

ção à ciência e aos eruditos, e em particular das relações entre Menores e universidades nos levaria longe demais. E ainda seria preciso retomar uma difícil exegese de textos, e especialmente a delicada questão da autenticidade da carta a Santo Antônio de Pádua.

Parece que São Francisco teve no mínimo desconfiança em relação aos eruditos, porque considerava a ciência uma forma de posse, de propriedade, e os doutos como uma espécie particularmente terrível de poderosos; mas seu respeito pelo clero em geral fazia com que englobasse nessa reverência seus membros que eram eruditos. A teologia, em particular, restringia-se em sua visão à ciência da Sagrada Escritura, ainda que ele não julgasse indispensável essa mediação erudita entre a Bíblia (e sobretudo o Evangelho, de acesso mais fácil) e os fiéis, ou pelo menos a mediação de pregadores como ele e seus irmãos. Daí a exatidão de seu Testamento: "Devemos honrar e venerar todos os teólogos e aqueles que servem às santíssimas palavras divinas";[86] e Tomás de Celano, embora exagere, sem dúvida tem razão quando lhe atribui uma veneração aos *divinae legis doctores* [doutores da lei divina].[87] Muito mais reticente seria Francisco quanto à frequência às universidades e, com maior razão, à ocupação de cátedras de mestres pelos Menores. A condição universitária, digam o que tiverem dito mais tarde

---

[86]*"Omnes theologos et qui ministrant sanctissima verba divina debemus honorare et venerari" (Testamentum*, 3), citado por Tomás de Celano (II, 163, p. 224), que compara isso à carta a Santo Antônio de Pádua.

[87]"E isso [se constituía] nessa causa principal para que os doutores devam ser venerados, porque [eram] ajudantes de Cristo e unidos ao Cristo executavam [seu] ofício" *(Et haec penes eum causa potissima venerandi doctores, quod Christi adiutores unum cum Christi exsequerentur officium)* (II, 172, p. 230). "Honrava especialmente os padres e venerava com admirável força os teólogos" *(Honorabat praecipue sacerdotes et divinae legis doctores miro venerabatur effectu) (Legenda chori*, 6, p. 121).

160   JACQUES LE GOFF

Tomás de Aquino e Boaventura, era pouco propícia à prática da pobreza, a um tempo porque implicava a posse de livros muito caros nos quais não se reconhecia ainda o caráter de instrumentos profissionais[88] e porque a vida universitária dificilmente permitia que se ganhasse a própria subsistência pelo trabalho manual ou pela mendicância efetiva. Aliás, Tomás de Celano é formal quanto a este último ponto.[89]

Ocorre que a evolução das condições gerais do apostolado dos Mendicantes em geral e dos Menores em particular

---

[88]Disso é que tratarão com muita lucidez os quatro mestres franciscanos que, em 1241-1242, comentarão a Regra (*Expositio Quatuor Magistrorum super Regulam Fratrum Minorum*, ed. L. Oliger, Roma, 1950).

[89]"Porque via muitos correrem para o ofício de mandar dos mestres, detestando o atrevimento deles, desse modo desejava que eles renunciassem a essa peste a exemplo dele" (*Videbat enim multos ad magisterii regimina convolare, quorum temeritatem detestans, ab huiusmodi peste sui exemplo revocare studebat eos*) (I Cel, 104, p. 80). Sobre o assunto da acolhida dos *litterati* na ordem por São Francisco, os biógrafos prazerosamente se estenderam, mas chamando a atenção para o estado de espírito que o santo esperava dos eruditos: "Disse então que um bom clérigo de algum modo deve renunciar até à ciência, quando vem para a Ordem, para que, livre de tal possessão, nu se ofereça aos braços do Crucifixo" (*Dixit aliquando magnum clericum etiam scientiae quodammodo resignare debere, cum veniret ad Ordinem, sub tali expropriatus possessione, nudum se offeret brachiis Crucifixi*) (II Cel, 194, p. 241). "Para aquele que deseja atingir o cume, diz que deve renunciar de algum modo não só à sabedoria mundana, mas até ao conhecimento das letras, a fim de que, livre de tal possessão, entre no poder de Deus e nu se ofereça aos braços do Crucifixo" (*Ad huius, inquit culmen qui cupit attingere, non solum mundanae prudentiae, verum etiam litterarum peritiae renuntiare quodammodo debet, ut, tali expropriatus possessione, introeat in potentiam Domini et nudum se offerat brachiis Crucifixi*) (BOAVENTURA, *Legenda maior*, VII, 2, p. 587). Cf. todo o capítulo *"De sancta simplicitate"*, em II Cel, 189-195, pp. 238-242. Quando Tomás de Celano fala da veneração particular de que São Francisco é objeto na França, por parte de Luís IX, de Branca de Castela e dos grandes (*magnates*), acrescenta: "Até os sábios do mundo e os homens instruidíssimos, dos quais normalmente Paris produz o máximo número sobre a terra toda, humilde e devotissimamente veneram, admiram e cultuam Francisco, um homem sem instrução e amigo da verdadeira simplicidade e da sinceridade completa" (*Etiam sapientes orbis et litteratissimi viri, quorum copiam super omnem terram Parisius maximam ex more producit, Franciscum virum idiotam et verae simplicitatis totiusque sinceritatis amicum, humiliter et devotissime venerantur, admirantur et colunt*) (I, 120, p. 95).

SÃO FRANCISCO DE ASSIS

rapidamente levou a Ordem a frequentar as universidades e a venerar mestres e doutores. Também a posição de São Francisco a respeito dos profissionais da ciência foi com toda a certeza profundamente deturpada por seus biógrafos, a começar por Tomás de Celano até, finalmente, São Boaventura, que tinha todas as razões pessoais e gerais para fazer isso. Com ele, o Cristo de São Francisco se torna antes de tudo um *Magister*.[90]

— *Ligações insólitas da pobreza com as camadas superiores*. Por fim, alguns termos podem surpreender na boca de São Francisco e no contexto social e mental de sua época. São aqueles pelos quais a pobreza se transforma em grande senhora, e alguns pobres, por sua vez, pertencem às camadas sociais superiores.

Francisco faz da Pobreza seu valor espiritual supremo, uma Senhora, uma Grande Senhora: é a *Domina Paupertas*[91] [Senhora Pobreza], *Paupertas Altissima*[92] [Pobreza Sublime]. Sem dúvida existe nisso o resultado de uma complexidade psicológica de delicada análise. Em primeiro lugar, Francisco, convertido, permanece o admirador da poesia sensível de sua juventude; o jogral de Deus é

---

[90] "Dizia, por causa disso o Filho de Deus tinha descido da altitude do seio paterno para nossas [condições] desprezíveis, a fim de que o Senhor e Mestre ensinasse a humildade pela palavra e pelo exemplo. Por isso é que se aplicava como discípulo de Cristo a diminuir-se aos seus olhos e aos olhos dos outros, lembrando o que foi dito pelo Mestre maior: O que para os homens é alto, para Deus é uma abominação" (*Dicebat, propter hoc Filium Dei de altitudine sinus paterni ad nostra despicabilia descendisse, ut tam exemplo quam verbo Dominus et Magister humilitatem doceret. Propter quod studebat tanquam Christi discipulus in oculis suis et aliorum vilescere a summo dictum esse Magistro commemorans: Quod altum est apud homines, abominatio est apud Deum*) (a citação final está em Lc 16, 15) (BOAVENTURA, *Legenda maior*, VI, 1, 582). Essa união de temas é muito representativa da habilidade de São Boaventura, árbitro pacificador das diversas tendências da ordem.

[91] II Cel, 82-84, pp. 180-181.

[92] II *Regula*, VI. Outra vez, neste caso, uma citação paulina (2Cor 8, 2).

JACQUES LE GOFF

principalmente o amante da Pobreza, que aparece a ele, segundo São Boaventura, ora como uma mãe, ora como uma esposa, ora como uma Senhora ou antes uma mestra.[93] Ele se identifica de tal forma com sua Senhora que se torna Ela e é reconhecido um dia como tal por três moças pobres (aqui também entra o folclore) que o saúdam: *"Domina Paupertas"*. Depois, ele pretende impor a mística da Pobreza, propondo-a sob os traços do mais alto modelo cultural e social de sua época: a Senhora, aquela que encarna também a Virgem Maria. Enfim, em seu empreendimento de sacudir a ideologia social, em sua revolução socioespiritual, não desagrada a ele, sem dúvida, elevar ao primeiro plano, ainda num movimento evangélico, aquelas coisas que a sociedade põe em último plano — e que se põem elas próprias em último.

É preciso, por fim, valorizar o episódio contado com simpatia por Tomás de Celano e São Boaventura[94] em que São Francisco encontra o pobre cavaleiro (*miles pauper*) a quem dá suas roupas. O sentido da história está claro no desenho desses dois hagiógrafos. Trata-se de comparar — Tomás de Celano não deixa de fazê-lo expressamente — São Francisco a São Martinho. A comparação é favorável a quem tudo deu enquanto o outro deu apenas a metade.* Mas, na perspectiva propriamente franciscana, trata-se de pôr em evidência esse tipo social concreto que transcende a estratificação secular, essa categoria que une

---

[93]"Verdadeiro amante da pobreza, ora como uma mãe, ora como uma esposa, ora como uma senhora" (*Verus paupertatis amator, quam modo matrem, modo sponsam, modo dominam*) (*Legenda maior*, VI, 2, p. 586).

[94]II Cel, 5, p. 133; BOAVENTURA, *Legenda maior*, I, 3, p. 561; *Legenda minor*, I, 3, p. 656.

*Quer dizer, favorável a São Francisco. Lembremos o episódio, reportando-nos ao outro trecho em que está narrado: subtítulo "A conversão", capítulo II ("À procura do verdadeiro São Francisco"). Só que naquele trecho Francisco não dá "suas roupas" ao pobre cavaleiro, mas apenas sua capa, enquanto Martinho dá metade da capa. (*N. do T.*)

SÃO FRANCISCO DE ASSIS

em um glorioso escândalo a pobreza e a nobreza — essa encarnação viva da ideologia, da utopia social franciscana.

ENSAIO DE INTERPRETAÇÃO

As páginas precedentes já esboçaram alguns esquemas explicativos ou interpretativos, porque foi difícil ficar limitado a simplesmente arrolar os fatos ou permanecer na pura descrição. Pretenderíamos entretanto esboçar aqui uma abordagem mais sistemática do material semântico que vimos apresentando.

Situação desse vocabulário em relação aos esquemas ideológicos medievais

Se procurarmos no vocabulário social de São Francisco e de seus primeiros biógrafos os esquemas do "Questionário sobre as classes sociais e seu vocabulário na Idade Média" que damos nas *Ordens e classes*, constatamos:

Os esquemas fechados quantitativos praticamente não aparecem: o esquema tripartido deixou em São Francisco os *oratores* e os *laboratores*, mas perdeu os *bellatores*; a tríade *omnis ordo, omnis aetas, omnis sexus* [toda ordem (ou qualquer ordem), toda idade, todo sexo], que se encontra uma vez em Tomás de Celano, é inabitual e não parece implicar uma ideologia precisa.

Os esquemas quantitativos "do tipo aristotélico" estão mais bem representados, porém sem rigidez, seja porque se subdividem eles próprios em múltiplas combinações, seja porque se afastam dos esquemas habituais. Por exemplo, a oposição *litterati-illitterati* está representada por outras oposições equivalentes, entre as quais figuram *prudens, sapiens, peritus, clericus* de um lado, *simplex, idiota, rusticus, inutilis* de outro. A *pauper* pode opor-se perfeitamente tanto *potens* como *dives*. Os *Minores* opõem-se implicitamente a todos os outros que devem ser *maiores*, mas esses "maiores" em geral não são nomeados. Mais do que por duplas antitéticas e complementares, Francisco e, num grau menor, seus biógrafos se interessam em pôr em evidência duplas equivalentes, proporcionando o aparecimento das ligações sociais mais ou menos inesperadas, sem que as duplas de equivalentes antitéticos lhes sejam sempre opostas, pelo menos explicitamente. Assim, ao lado de *pauperes et illitterati* há os opostos simétricos *divites et sapientes* (II Cel, 193, p. 241), *idiotae et subditi (Testamentum,* 4), *sapientiores et potentiores (Epistola ad populorum rectores* [Carta aos dirigentes dos povos]), *servi et subditi (Epistola ad fideles,* 9), *nobilior et potentior* (Francisco, *apud* Boaventura, *Leg. maior,* XI, 8, p. 608) que se bastam em si mesmos.

As listas qualitativas abertas são as mais bem representadas, com a observação de que tendem a abranger a totalidade social. Mas essa intenção quantitativa é mais subjetiva e mística do que matemática, pois dá-se que, ao menos em um caso (I *Regula,* XXIII), as mesmas pessoas podem ser contabilizadas muitas vezes pelo jogo de acumulação de grupos definidos por diferentes critérios.

De fato, o tipo de sociedade que aparece através dos esquemas franciscanos é uma sociedade em migalhas apresentando saldos de estruturações diversas, mas parciais. Pelo exposto, busca-se fazer com que surjam, dos elementos de combinações

SÃO FRANCISCO DE ASSIS

reais de estruturas diferentes, combinações habituais da linguagem, e fica sugerida a possibilidade de uma atomização maior da sociedade pelo jogo das listas qualitativas abertas. Mas a tendência é recolher todas as migalhas.

Antes de nos perguntar: "Com vistas a que eventual reestruturação?", é preciso que situemos esse vocabulário franciscano em relação a outros vocabulários medievais.

Situação desse vocabulário em relação aos principais vocabulários sociais concretos da Idade Média

Em relação ao vocabulário "feudal"

Se achamos sem problemas os termos *dominus, servus, miles* etc. os termos *homo, vassalus, vavassor, liber* etc. jamais aparecem. Quanto a *dominus, servus, miles,* é seu longo passado semântico e, em particular, sua presença no vocabulário bíblico que, parece, fundamenta sobretudo o seu emprego. Que esse desaparecimento do vocabulário "feudal" se deva em grande parte ao caráter mais frouxo das instituições propriamente feudais na Itália é certo. O fato importante é o frágil impacto desse vocabulário sobre a terminologia franciscana.

Em relação ao vocabulário "político"

Viu-se que é muito limitado o emprego da terminologia monárquica: *imperator, rex, regina, principes, magnati* etc. O vocabulário "comunal" (*potestas, civis, homo popularis* etc.)

é também muito restrito. O pessimismo político de São Francisco, que foi marcante, afastava de seu vocabulário qualquer enquadramento linguístico do tipo político.

Em relação ao vocabulário "religioso"

É, certamente, aquele cuja contribuição, qualitativa e quantitativamente, surge como a mais importante. A classificação fundamental *clerici-laici*, a terminologia litúrgica, as considerações de sexo e idade são outras tantas referências, são empréstimos tomados à linguagem da Igreja. E isso não seria de surpreender tratando-se do fundador de um movimento essencialmente religioso e católico. Entretanto, a desconfiança de São Francisco quanto aos *litterati*, que contribui para que ele desconsidere os esquemas ideológicos eruditos, o desejo de afastar sua ordem e os fiéis, certamente não da Igreja, mas do clericalismo, o recurso constante a uma terminologia não religiosa ao lado do vocabulário religioso, cuja insuficiência fica assim demonstrada — tudo isso manifesta que o vocabulário social do franciscanismo também foge, se não do padrão religioso, pelo menos do eclesiástico.

Outras influências

Não será talvez desinteressante notar, na expectativa de tirar conclusões disso, que algumas palavras-chave do vocabulário social do franciscanismo são tomadas de empréstimo, ou são as mesmas do que as de uma determinada linguagem jurídica assimilada pelo uso corrente, de um lado, e, de outro lado, da terminologia das profissões em processo de formação.

No primeiro caso, trata-se de termos que a linguagem jurídica de modo geral foi buscar na Bíblia, retomados nos séculos

SÃO FRANCISCO DE ASSIS

XII-XIII tanto pela pena dos juristas como pelo vocabulário corrente. É o caso de *subditi* [submissos, subordinados], que o pensamento e os vocabulários político e jurídico da Idade Média sem dúvida tiraram de São Paulo (Tito 3, 1: "Adverte-os para que sejam *submissos* aos príncipes e aos poderosos", *Admone illos principibus et potestatibus subditos esse*).[95] O termo se liga, sem dúvida, a uma moral e a uma espiritualidade de obediência que, depois de uma longa e constante tradição medieval, encontram-se em plenitude em São Francisco.[96]

Um texto nos abre caminho no sentido de uma ligação fundamental para a compreensão do vocabulário franciscano: a ligação entre *subditi* e *minores*. Num formulário, Guido Faba escreve, cerca de 1230: "Se os maiores, clérigos ou leigos, prelados eclesiásticos ou senhores seculares, tiverem recomendado por escrito aos *subordinados ou aos menores*" (*Si majores, clerici vel laici, prelati ecclesiastici vel domini saeculares,* subditis vel minoribus *scripserint...*), e intitula um capítulo: *Principia de subditis et minoribus*" [Regras a respeito dos subordinados e dos menores].[97]

Mais ou menos no mesmo momento, dois outros formulários — a *Summa dictaminum* [Compêndio das vozes] de Ludolf e o *Formulário* de Baumgartenberg — definem assim as *personae minores*: "os mercadores, os simples cidadãos, os mestres das artes mecânicas [ofícios manuais] e todos os que de modo semelhante não têm dignidades" (*mercatores, cives simplices, et artis mechanicae professores et omnes consimiles carentes*

---

[95]Cf. W. ULLMANN, *The Individual and Society in the Middle Ages*, Baltimore, 1966, p. 10 sg.; C. MORRIS, *The Discovery of the Individual (1050-1200)*, Nova York, 1972.

[96]*Ibid.*, pp. 12-13.

[97]Em L. ROCKINGER, *Briefsteller und Formelbücher*, Munique, 1863, p. 186. Citado por W. ULLMANN, *The Individual and Society...*, *op. cit.*, p. 18, número 38.

168 JACQUES LE GOFF

dignitatibus).[98] Eis-nos aqui em pleno vocabulário, em plena atmosfera, em pleno meio social franciscano.

Um outro fato é que, no momento em que Francisco escreve uma carta *"ad populorum* rectores [aos dirigentes *dos povos*]" e impõe o termo *custos* [guardião, custódio] aos superiores dos conventos de sua ordem, vemos as corporações, no momento de estabelecer seus estatutos, dar esse nome — *rectores* ou *custodes* — a seus chefes, como por exemplo em Toulouse, em 1227.[99] A palavra *minister* [servente, servo, servidor, aquele que serve], que Francisco tanto gosta de aplicar a si mesmo e a seus irmãos, é aquela que nesse caso designa os aprendizes nos trabalhos, chamados também de *discipuli* ou *laboratores* (ou *laborantes*). A palavra *ministeria* [serviços, ocupações, misteres, ofícios de servo] designa nesse caso, mais que a palavra *artes* [artes], os trabalhos organizados. Mas *artes*, cujo campo semântico é totalmente diferente, prevalecerá mais tarde na Itália.[100]

De modo que uma sondagem fora dos autores franciscanos faz com que apareçam ligações que o vocabulário deles não revelava imediatamente: ligações com o vocabulário jurídico--religioso da vida corrente e com o vocabulário profissional e corporativo do mundo dos ofícios.

Pode-se tentar agora definir os objetivos do franciscanismo através de seu vocabulário social, porque, tanto quanto uma

---

[98]L. ROCKINGER, *op. cit.*, pp. 361 sg. e 727. Citado por W. ULLMANN, *op. cit.*, p. 17, número 36.

[99]Sobre os *septem rectores super capitibus artium* mencionados em Florença em 1193, cf. A. DOREN, *Le arti fiorentini*, trad. italiana, Florença, 1940, I, p. 6. Sobre os *custodes* tolosinos, cf. M.A. MULHOLLAND, *Early Gild Records of Toulouse*, Nova York, 1941; *id.*, "Statues on Clothmaking, Toulouse, 1227", em *Essays in Medieval Life and Thought presented in Honor of Austin Patterson Evans*, Nova York, 1955, pp. 167 sg. A. GOURON, *La Réglementation des métiers en Languedoc au Moyen Âge*, Genebra e Paris, 1958, pp. 204-205.

[100]Sobre *minister* = aprendiz, cf. C. KLAPISCH-ZUBER, *Le Marbre de Carrare*, Paris, 1969.

SÃO FRANCISCO DE ASSIS 169

descrição da sociedade sobre a qual uma ideologia quer agir, o vocabulário de uma ideologia é um instrumento de transformação dessa sociedade.

Situação desse vocabulário em relação à visão e à intenção franciscanas[101]

Os antagonismos do ponto de partida

Se bem que São Francisco se tenha esforçado para não sacrificar muito as duplas de antagonismos estabelecidas, está claro que o ponto de partida de sua visão social é o de uma bipartição fundamentada sobre a desigualdade. Que o *pauper* ou o *egenus* ou o *idiota* se confronte com o *dives,* o *potens* ou o *sapiens* definitivamente não é o essencial. O mais importante é o fosso que separa os dois grupos, dentro de cada um dos quais as etiquetas e os que as carregam são, no fundo, intercambiáveis, uma vez que essas etiquetas são frequentemente as mesmas: pobreza, indigência e ignorância andam juntas, assim como o outro lado da barreira, riqueza, poder e sabedoria.

Francisco, ao empregar seu vocabulário social, nada mais faz do que estender a oposição entre dois partidos cuja história, que ele viveu em Assis na juventude e reencontrou mais tarde em todas as suas peregrinações, surge aos olhos dele como a trama da estrutura e da atividade sociais.

---

[101]Não é possível lembrar aqui todos os trabalhos referentes às relações do franciscanismo com a sociedade do seu tempo. O problema foi bem abordado por L. SALVATORELLI, "Movimento francescano e gioachimismo. La storiografia francescana contemporanea", *X Congresso internazionale di scienze storiche, Relazioni,* III *(Storia del Medioevo),* Roma, 1955, pp. 403-448. Interessante esboço de P. WILLIBRORD e de VAN DIJK, *Signification sociale du franciscanisme naissant,* Paris, 1965. Cf., apesar da ausência de dimensão sociológica concreta, K. ESSER, *Anfänge und ursprungliche Zersetzungen des Ordens der Minderbrüder,* Leyden [Holanda], 1966.

170   JACQUES LE GOFF

Se a sua cultura cavaleirosa acrescenta a isso alguma coisa é precisamente sob a forma de um duelo, de uma luta das classes em dois campos de batalha como se apresenta a ele a sociedade que ele quer converter, transformar. O espetáculo que Perúsia lhe oferece, segundo Tomás de Celano (II Cel, 37, p. 153), é exatamente para ele um ponto de partida: *Saeviunt in milites populares, et verso gladio nobiles in plebeios.** Eis o duplo antagonismo de base: *milites-populares, nobiles-plebeii*, em termos de vocabulário político e social. Antagonismo simétrico no qual é excusado procurar agressor e agredido, mas no qual é preciso notar que a força — aqui o gládio — introduz uma desigualdade a favor das classes superiores, um desequilíbrio.

A luta pelo nivelamento

O objetivo de Francisco é substituir esses antagonismos por uma sociedade fundada sobre as relações familiares, na qual as únicas desigualdades serão a idade e o sexo — desigualdades naturais, portanto divinas. Daí a desconfiança ou a hostilidade em relação àqueles que se elevam sobre os outros por artifícios sociais. Os inimigos de São Francisco são aqueles cujas designações comportam prefixos que marcam a superioridade: *magis- (magnus, magister, magnatus), prae- (praelatus, prior), super- (superior).*[102] Em compensação, aqueles que devem ser exaltados são os depreciados pela sociedade: *minoris, subditi.*

O mal social por excelência é o poder. A melhor definição do homem abusivo é *potens* [poderoso]. Sem dúvida esse poder

---

*"Enfurecem-se os cavaleiros contra os populares, e os nobres (se enfurecem) com o gládio voltado contra os plebeus". (*N. do T.*)

[102]Para a compreensão do quadro mais amplo em que se insere o pensamento franciscano, cf. R. Hund Eberstadt, *Magisterium et Fraternitas*, Leipzig, 1897.

SÃO FRANCISCO DE ASSIS

se funda sobre diversas bases, e são essas bases que precisam ser, se não destruídas, ao menos neutralizadas.

A primeira dessas bases é o nascimento. Parece ser para Francisco a menos detestável, talvez por ligar-se de alguma forma ao natural e vir, de certa maneira, de Deus.

As duas outras bases — as mais abomináveis, porque são adquiridas, porque exigem esforço, vontade — são a riqueza e a ciência [sabedoria]. Deve-se fugir da ascensão social — eis o grande pecado social — e de seus dois trampolins, o dinheiro e a cultura, salvo na medida estrita em que um é necessário à subsistência e outro à salvação, quer dizer, essencialmente para a compreensão da Sagrada Escritura.

O ideal social a que aspira Francisco é um nivelamento, um máximo de igualdade no nível mais humilde — ele se dá conta perfeitamente que seria quimérico querer realizar isso no conjunto da sociedade, mas quer que se cumpra em sua "fraternidade". Aqui, Francisco está na tradição do monaquismo, que sempre concebeu, segundo as modalidades diversas, a sociedade monástica, na escala do mosteiro ou da ordem, como um *modelo social*.[103] Mas Francisco teria desejado que, para atingir verdadeiramente sua finalidade, o modelo que propunha transcendesse a divisão-oposição clérigos-leigos. Acolhendo em sua fraternidade uns e outros, esperava criar uma sociedade que fosse um modelo original, nem totalmente leigo e nem, sobretudo, totalmente eclesiástico. Não lhe foi permitido.

Sobre essa *uniformitas* São Francisco insistiu sempre, talvez mais ainda, como contrapeso, quando a estrutura da ordem lhe foi imposta. Nesse ponto, seus biógrafos de um modo geral foram fiéis a seu pensamento.

---

[103]Cf. L. MUMFORD, *La Cité à travers l'histoire*, trad. francesa, Paris, 1964, p. 312 sg.

JACQUES LE GOFF

Tomás de Celano valoriza essa *societas caritatis* [sociedade de amor] que Francisco queria criar entre seus irmãos a partir de uma *uniformitas* que faria desaparecer as disparidades entre *maiores* e *minores, litterati* e *illitterati*.[104] O biógrafo da *Legenda de Munique* lembra bem como o santo quis apagar e compensar pelo vocabulário a desigualdade das funções e das posições dentro da Ordem substituindo os termos *abade, preboste* e *prior* por *ministro* e *custódio*.[105]

São Boaventura, por fim, dá ênfase ao fato de que São Francisco tinha recusado nos entendimentos com Gregório IX que seus irmãos fossem elevados às dignidades *(dignitates, praelationes)* eclesiásticas, porque deviam permanecer no *estado* (será preciso dar um valor de terminologia social a esse *status*, pouco frequente no vocabulário de São Francisco?) de sua *vocação (vocatio*, termo que manifesta a adequação procurada do vocabulário e do ideal).[106]

---

[104]"Para que a sociedade do amor seja maior entre os irmãos, quis que toda a sua Ordem seja concorde na uniformidade, na qual os maiores estejam unidos aos menores, os letrados aos iletrados por disposições semelhantes e [semelhantes] modos de vida... para que [sejam] como de uma casa [de] família" (*Ut maior esse inter fratres caritatis societas, voluit totum Ordinem suum esse uniformitate concordem ubi maiores minoribus, litterati illitteratis simili habitu et vitae observantia unirentur... ut quasi unius domu familia)* (II Cel, 191, p. 240).

[105]Do mesmo modo, por causa da virtude da humildade não quis que os mestres da Ordem fossem chamados, na Regra, pelos termos de dignidade, abades, prepostos [prebostes] ou priores, mas ministros e custódios, para que assim compreendessem que eram antes servidores do que senhores de seus irmãos" (*Propter humilitatis quoque virtutem noluit rectores Ordinis nominibus dignitatum in Regula appellare abbates, praepositos vel priores, sed ministros et custodes, ut per hoc intelligant, se fratrum suorum potius servitores esse quam dominos) (Legenda monacensis*, p. 709).

[106]"Como porém lhe tinha perguntado o senhor [cardeal] de Ostia (...) se acaso agradaria a ele que seus irmãos fossem promovidos às dignidades eclesiásticas, respondeu: Senhor, que meus irmãos sejam chamados Menores, para que não pensem em se fazer maiores. Se quereis que produzam frutos na Igreja de Deus, guardai-os e conservai-os no estado de sua vocação, e não permitais que ascendam às dignidades eclesiásticas" (*Cum autem requiret ab eo dominus Ostiensis... utrum sibi placeret quod fratres sui promoverentur ad ecclesiasticas dignitates, respondit: Domine, Minores ideo vocati sunt fratres mei ut maiores fieri non presumant. Si vultis ut fructum faciant in Ecclesia Dei tenete illos et conservate in statu vocationis eorum, et ad praelationis ecclesiasticas nullatenus ascendere permitatis) (Legenda maior*, VI, 5, p. 584). Cf. II Cel, 148, p. 216.

SÃO FRANCISCO DE ASSIS

173

Como chegar a essa uniformidade, na Ordem e fora da Ordem? Como realizar essa "sociedade sem classes"?

Francisco, se sonhou lançar seus irmãos na luta política, não pensou em lhes dar mais do que um papel de *pacificadores*.[107] Se bem que tenha dito às vezes frases subversivas, aliás apoiadas na autoridade da Escritura (como o *"Ego fur esse nolo"*[108] ["Não quero ser ladrão"], que evoca o famoso "A propriedade é um roubo"), na verdade nunca sonhou em empregar a força nem mesmo o poder político que, como se viu, era para ele uma forma eminentemente suspeita de poder.

Porque esse lutador contra as desigualdades e as hierarquias é também, e em primeiro lugar dentro de sua ordem, um apóstolo apaixonado pela *obediência*. Obediência que fundamenta a escolha da submissão, obediência que é a justificação e o ideal do *subditus* voluntário.

Essa obediência, na perspectiva de ação sobre a sociedade em que se colocava São Francisco, como chamá-la hoje a não ser *não violência*? É pelo caráter subversivo, escandaloso, revolucionário dessa submissão voluntária que Francisco e os

---

[107]A noção de paz é essencial no pensamento e no apostolado de São Francisco. "Quando em qualquer lugar entrarem em uma casa, que digam primeiro: Paz para esta casa" (*In quacumque domum intraverint, primum dicant: Pax huic domui*) (II *Regula*, III). "O Senhor me revelou essa saudação para que disséssemos: Que o Senhor te dê a paz" (*Salutationem mihi Dominus revelavit, ut diceremus: Dominus det tibi pacem*) (*Testamentum*, 6). É preciso pensar no pacificador São Luís, tão marcado pelo franciscanismo. Sobre os primeiros franciscanos e a política, cf. A. VAUCHEZ, "Une campagne de pacification en Lombardie autour de 1233. L'action politique des ordres mendiants d'après la réforme des statuts communaux et les accords de paix", *Mélanges d'archéologie et d'histoire*, 78, 1966, pp. 503-549.

[108]"O santo [disse] a ele: Não quero ser ladrão; para nós será considerado roubo se não dermos mais aos pobres" (*Cui sanctus: Ego fur esse nolo; pro furto nobis imputaretur, si non daremus magis egenti*). Cf. II *Regula* IX: "A esmola é herança e justiça devida aos pobres" (*Elemosina est hereditas et iustitia, que debetur pauperibus*).

seus esperam transformar a sociedade. Mas não se trata de uma obediência cega. Porque pode haver um tipo de má obediência, a violência que se assume automaticamente, sem examinar o valor do conteúdo que ela carrega. Mesmo dentro de sua ordem, ou antes principalmente nela, Francisco põe seus irmãos em alerta contra essa falsa obediência, capaz de estar a serviço do crime ou do pecado[109] e preconiza, em troca, "a verdadeira e santa obediência", *vera et sancta obedientia*. Francisco deverá, aliás, na Regra revista que lhe é imposta, suavizar consideravelmente essa recomendação. Tudo que ele fazia, entretanto, era aplicar à disciplina a casuística que se elaborava em seu tempo sobre noções e práticas até então condenadas ou louvadas *em si*, no interior das quais havia um esforço para definir um domínio lícito e um domínio ilícito, um setor justo e um setor injusto: assim era com a guerra, com o lucro, o jogo, o ócio, o trabalho etc.

Fundamentos de uma nova ordem social

Esse ideal de nivelamento, qualquer que seja o esforço que sua realização pressuponha, qualquer que seja o valor positivo de eliminação da injustiça que contenha em si, torna-se essencialmente negativo. Como, de resto, São Francisco tendia a limitar-lhe a prática a seus irmãos, que nova ordem propõe esse ideal à sociedade?

É difícil separar as coisas e é provável que, como muitos reformadores e revolucionários, Francisco visse mais claramente

---

[109]"Mas se um dos ministros prescreve a um outro dos irmãos alguma coisa contra a nossa vida [nossa maneira de viver] ou contra sua alma, o irmão não será obrigado a obedecer-lhe, porque isso não é obediência, [essa] na qual se comete delito ou pecado" *(Si quis autem ministrorum alicui fratrum aliquid contra vitam nostram vel contra animam suam preciperet, frater non teneatur ei obedire, quia illa obedientia non est, in qua delictum vel peccatum committitur)* (I *Regula*, V).

SÃO FRANCISCO DE ASSIS

o mal a ser eliminado do que o bem a ser instaurado em seu lugar. Pode-se entretanto supor que ele tenha ido ao fundo de seu pensamento em uma declaração relatada por Tomás de Celano (II Cel, 146, p. 214): "Dizia porém: Fomos enviados para ajudar os clérigos, para promover a salvação das almas, de modo que o que menos se ache neles em nós seja completado. Receba cada um o salário *não segundo a autoridade, mas segundo o trabalho*" (*Dicebat autem: In adjutorium clericorum missi sumus ad salutem animarum promovendam, ut quod minus invenitur in illis, suppleatur in nobis. Recipiet unusquisque mercedem* non secundum auctoritatem, sed secundum laborem). Ainda aqui Francisco retoma São Paulo. Mas altera ou antes completa o texto de 1 Cor. 3, 8 (*"unusquisque autem propriam mercedem accipiet secundum suum laborem"*), de maneira a substituir uma ordem baseada na *classe social* por uma ordem baseada, digamos, no trabalho, no *mérito*. Como, em verdade, traduzir *labor*?

Esboçar as atitudes de São Francisco e de seus contemporâneos sobre o *trabalho* nos levaria muito longe. Contentemo-nos em dizer que, diante de uma evolução que tendia a expulsar as ressonâncias propriamente morais de *labor* (castigo) em favor das referências socioprofissionais e socioeconômicas, São Francisco não parece ter feito uma opção clara. Essa falha explica muito bem a traição do vocabulário, reflete em si a confusão das estruturas econômicas e sociais.[110]

Se o vocabulário é um instrumento nas mãos dos homens e das sociedades, é também uma estrutura que se impõe a eles

---

[110]Cf. K. Esser, "Die Handarbeit in der Frühgeschichte des Minderbrüderordens", *Franziskanische Studien*, 40, 1958.

JACQUES LE GOFF

176

e, para além de sua própria falta de flexibilidade, impõe-lhes a resistência das infraestruturas.

Situação desse vocabulário em relação a uma problemática de historiador

Assim como a análise e a descrição dos elementos do vocabulário social franciscano não escapavam a um princípio de interpretação, tampouco o esforço de elucidação do sentido desse vocabulário para São Francisco e seus contemporâneos é completamente independente da situação do historiador que aborda esse vocabulário com seu instrumental e sua problemática próprios. De modo que é não apenas honesto mas necessário tentar, ao menos sumariamente, explicar-se quanto a esse ponto, para encerrar.

Situar historicamente

Foi preciso em primeiro lugar definir o lugar e o momento.

Importava observar que o húmus italiano do franciscanismo proporcionava-lhe um terreno em que o regime feudal no sentido clássico não tinha verdadeiramente existido e no qual, mais cedo e com mais força do que em outros lugares, afirmara-se um modelo social urbano cuja característica era o enfrentamento de dois *partidos*.

Mas era ainda mais importante constatar que nessa virada do século XII para o XIII, no conjunto da Cristandade ocidental, com avanços e recuos aqui e ali, em graus diferentes e segundo modalidades diversas, assistia-se a uma reclassificação social generalizada. Essa desordem era sentida em termos de poder

SÃO FRANCISCO DE ASSIS

e a nova divisão se estabelecia entre aqueles que participavam das novas formas de poder e os que delas eram excluídos. Observemos, sem entrar em detalhes, que a difusão da economia monetária, ao mesmo tempo resultado e fator dessa desordem, não era suficiente nem para explicá-la nem para batizá-la. O dinheiro não é a personagem central dessa revolução social, assim como não é o herói principal do teatro social e ideológico franciscano.[111] O dinheiro é apenas um dos elementos do novo poder, enquanto que a nobreza permaneceu nesse novo poder, ao invés, como um dos componentes essenciais.

Nessa redistribuição das categorias sociais, a camada depreciada é aquela dos *subditi*, súditos ou submissos, a que também chamamos *pauperes*, porque a pobreza não se opõe apenas à riqueza. Isso sempre tem sido assim, mas trata-se aqui de novos pobres e de uma pauperização nova e original da sociedade.[112]

---

[111]Cf. L. HARDICK, "Pecunia et denarii. Untersuchung zum Geldverbot in den Regeln der Minderbrüder", *Franziskanische Studien*, 40, 1958. Sobre a luta de classes na Itália do século XIII, cf. a obra clássica de G. SALVEMINI, *Magnati e popolani a Firenze*, Florença, 1899, e G. FASOLI, "La legislazione antimagnatizia nei comuni dell'alta e media Italia", *Rivista di storia del diritto italiano*, e, principalmente, na perspectiva mantida aqui, G. FASOLI, "Gouvernants et gouvernés dans les communes italiennes du XI au XIII siècle", *Recueils de la Société Jean Bodin*, XXV, 1965, pp. 47-86.

[112]Sobre a pobreza na Idade Média, as pesquisas recentes mais importantes são as de M. Mollat e de seus alunos, das quais M. MOLLAT deu dois sumários provisórios: "Pauvres et pauvreté à la fin du XII siècle", *Revue d'ascétique et de mystique*, 1965, pp. 305-323, e "La notion de pauvreté au Moyen Âge: position du problème", *Revue d'histoire de l'Église de France*, 1967 (ver o conjunto do número e especialmente G. DUBY, "Les pauvres des campagnes dans l'Occident médiéval jusqu'au XIII siècle"). A partir daí, ver M. MOLLAT, *Les Pauvres au Moyen Âge. Étude sociale*, Paris, 1978. A pobreza no século XII foi o tema do colóquio da Academia Tudertina, Todi, Itália, 1967. Lembremos, dentro do nosso período, E. WERNER, *Pauperes Christi, Studien zu Sozial-Religiösen Bewegungen im Zeitalter des Reformpapsttums*, Leipzig, 1956; F. GRAUS, "Au bas Moyen Âge: pauvres des villes et pauvres des campagnes", *Annales. E.S.C.*, 1961, pp. 1053-1065; particularmente importante para a nossa problemática, K. BOSL, "Potens und Pauper", *Festschrift für O. Brunner*, Göttingen, pp. 60-87, republicado em *Frühformen der Gesellschaft im mittelalterlichen Europa*, Munique, 1964.

Assim como no esquema tripartido pelo qual os clérigos descreviam a sociedade precedente, os *laboratores* podiam representar seja o conjunto da categoria depreciada, seja apenas a camada superior dessa categoria — uma elite econômica rural mantida fora do poder —, no sistema novo as *personae minores* podem designar seja, como é a tendência de São Francisco, o conjunto da camada inferior (e *minores* então é sinônimo de *subditi* e de *pauperes*), seja, como nos formulários, uma elite, desta vez urbana, também desprovida das dignidades, das funções, atributos e vantagens do poder.

A escolha do sistema de referências

Em relação a que modelo sociológico e ideológico definir uma tal sociedade?

Sem entrar no detalhe de sistemas complexos e, afinal, raramente realizados na história das sociedades concretas sob uma forma pura, pode-se sumariamente afirmar que essa sociedade não é nem uma sociedade de *castas*, nem uma sociedade de *ordens*, nem uma sociedade de *classes*. Para nos mantermos em critérios muito gerais, viu-se, ao curso da análise detalhada do vocabulário franciscano das categorias sociais e das realidades que ele encobria, que essas categorias não ofereciam nem o caráter de estratificação sagrada ou religiosa das castas e das ordens, nem a homogeneidade relativa das classes.

Parece que o esquema das ciências humanas atuais mais próprio para explicar uma tal sociedade é o do *pauperismo*, no sentido, por exemplo, em que Oscar Lewis fala de cultura do

SÃO FRANCISCO DE ASSIS

pauperismo — e é um dos méritos históricos do franciscanismo ter dado ênfase a isso pelo interesse primordial que dirigiu à camada depreciada.

Mas há pauperismo e pauperismo, e é preciso, para terminar, examinar que tipo de "sociedade pauperista" perfila-se por trás do vocabulário social do franciscanismo.

Situar o problema

A sociedade pauperista da baixa Idade Média ocidental que irrompe à frente da cena histórica através do franciscanismo e seu vocabulário, apesar do fosso que separava poderosos e pobres, não era segregacionista. Diferentemente das culturas isoladas dos pauperismos da América estudados por Oscar Lewis, a sociedade pauperista medieval foi arrastada pela corrente do desenvolvimento e do crescimento.

No fundo, o problema que São Francisco e seus companheiros viram foi a integração dessa sociedade pauperista na história. Bem entendido, sua solução, que não cabe analisar aqui além do estudo social e linguístico esboçado acima, era uma solução religiosa, espiritual: integração, história, salvação. Se bem que o franciscanismo — e o movimento religioso mais vasto a que é preciso ligá-lo — tenha deixado profundamente sua marca no mundo da baixa Idade Média e que continue presente hoje e atuando na cultura ocidental, sua solução social foi um fracasso.

O problema para o historiador, então, é, através da intenção e do fracasso do franciscanismo, tentar achar um modelo de crescimento histórico que explique o destino dessa sociedade pauperista.

JACQUES LE GOFF

Parece que é possível localizar dois processos integracionistas que permitiram a essa sociedade ser globalmente tragada pelo desenvolvimento.

Um é econômico. Os progressos da economia monetária e da acumulação, que — ainda que muito desigualmente, sem dúvida — puseram em causa todas as categorias da sociedade depois da criação de um novo pauperismo (o pauperismo da revolução industrial, em vez de impor sua marca à sociedade como na baixa Idade Média, nesse caso, ao contrário, mostrou apenas o lado negativo), permitiram o acesso da sociedade pauperista à economia de consumo atual.

O outro é político-cultural. A formação de unidades nacionais e de consciências nacionais impediu que as categorias sociais depreciadas permanecessem no gueto em que ameaçava segregá-las uma unidade cristã tornada formal, tendo perdido seu dinamismo material e psíquico.[113]

O vocabulário social do franciscanismo primitivo dá o melhor à inteligência histórica por causa do lugar que nele ocupam os esquemas qualitativos abertos que retrataram e ajudaram a integração da sociedade pauperista — sociedade que, de resto, esses esquemas definiam bem — à evolução histórica.

Nesse sentido, pode-se dizer, segundo um histórico explicativo sumário, mas sempre eficaz cientificamente, que o voca-

---

[113]Sobre um caso de formação de consciência nacional (sem desfecho político) reposto em um estudo de história global, cf. P. VILAR, *La Catalogne dans l'Espagne moderne*, Paris, 1963. Sobre os avatares da pobreza no mundo mediterrâneo pós--medieval, cf. F. BRAUDEL, *La Méditerranée et le monde méditerranéen à l'époque de Philippe II*, 2ª. ed., Paris, 1966, p. 75 sg., e E.J. HOBSBAWM, *Les Primitifs de la révolte dans l'Europe moderne*, trad. fr., Paris, 1966.

SÃO FRANCISCO DE ASSIS

bulário social do franciscanismo primitivo é representativo da fase de transição do feudalismo para o capitalismo, de acordo com as modalidades originais que essa transição assumiu na sociedade do Ocidente medieval.[114]

---

[114]Sobre Francisco de Assis e a sociedade de seu tempo, dois ensaios interessantes: S. CLASEN, "Franziskus von Assisi und die soziale Frage, *Wissenschaft und Weisheit*, 15 (1922), pp. 109-121, e H. ROGGEN, "Die Lebensform des heiligen Franziskus von Assisi in ihren Verhältnis zur deudalen und bürgerlichen Gesellschaft Italiens", *Franziskanische Studien*, XLVI, 1964, pp. 1-57 e 287-321.

IV

Franciscanismo
e modelos culturais
do século XIII

Meu propósito é preparar um inventário de modelos ou antes de conceitos chave da mentalidade e da sensibilidade comuns do século XIII e buscar definir a atitude dos Franciscanos em face desses modelos na sua perspectiva de evangelização da sociedade leiga.

A realização desse propósito encontra dois conjuntos de dificuldades.

O primeiro se prende à definição dos modelos culturais. Esses modelos em geral são elaborados pelas camadas dirigentes da sociedade: clérigos e nobres. É muito difícil chegar aos modelos propriamente "populares", não aqueles simplesmente integrados às camadas sociais dominadas rurais e urbanas — modelos vulgarizados —, mas os que são próprios às culturas tradicionais dessas camadas, digamos a cultura "folclórica". Estou interessado sobretudo nos modelos que a mim pareceram difundir-se no conjunto da sociedade, os modelos "comuns".

Este texto foi publicado inicialmente nas "Atti dell' VIII Convegno della Società internazionale di studi francescani", sobre o tema: *Francescanesimo e vita religiosa dei laici nel' 200 (Assisi, 16-18 ottobre 1980)*, Assis, 1981, pp. 85-128.

Não existe, na Idade Média, domínio próprio da cultura no sentido moderno do termo. A expressão "modelos culturais" é tomada aqui num sentido amplo e os conceitos chave dos sistemas de valor são considerados em uma perspectiva de antropologia histórica. Estou interessado principalmente nos valores novos ou que se impuseram no século XIII. Levei em consideração os seguintes modelos:

— modelos ligados à percepção do espaço e do tempo: a cidade, a igreja, a casa, a novidade, a memória;

— modelos ligados à evolução da economia: o dinheiro e o trabalho;

— modelos ligados à estrutura da sociedade global ou civil: os "estados" (*status*), os leigos, a mulher, a criança, a caridade (as obras de misericórdia e não apenas a esmola);

— modelos ligados à estrutura da sociedade religiosa: a prelazia, a fraternidade;

— modelos ligados à cultura no sentido próprio: o trabalho intelectual e a ciência, a palavra, a língua vulgar, o cálculo;

— modelos de comportamento e de sensibilidade: a gentileza, a beleza, a alegria, a morte;

— modelos ético-religiosos propriamente ditos: a penitência, a pobreza, a humildade, a pureza (o corpo), a oração, a santidade;

— modelos tradicionais do sagrado: o sonho e a visão, o milagre, a bruxaria, o exorcismo.

Insistirei menos sobre o que sem dúvida é o mais importante, mas também é mais conhecido: a penitência, a pobreza, a humildade.

SÃO FRANCISCO DE ASSIS 187

O segundo conjunto de dificuldades gira em torno da apreciação da evangelização franciscana, que difere segundo as tendências da Ordem (em particular com o movimento dos Espirituais); a evangelização evoluiu no tempo e muito cedo, ainda em vida de São Francisco mesmo; foi muito marcada pela personalidade de seu fundador de maneira tão forte que este estudo reporta-se sempre ao próprio Francisco e, entretanto, a evangelização difere sensivelmente do que se pode supor tenha constituído os ideais e os comportamentos de São Francisco; nem sempre os contemporâneos e o historiador a distinguiram bem do apostolado do conjunto das ordens Mendicantes e, em particular, o dos Dominicanos. Não é sempre fácil, portanto, compreender a originalidade franciscana mesmo que ela impressione muito quanto a determinados pontos. É preciso, por fim, levar em conta a distância entre os ideais manifestados e o comportamento real, não para condenar a Ordem, o que não é o papel do historiador, mas porque a diferença entre os modelos preconizados e os modelos realmente seguidos pode provocar difíceis problemas de interpretação do papel histórico do franciscanismo no que concerne aos leigos. Tenho, no entanto, considerado que, apesar das consequências, das contradições, das evoluções que indicarei aqui e ali, há uma coerência dos valores franciscanos na teoria e na prática no século XIII, por menor que tenha sido um modelo franciscano de evangelização dos leigos dentro de um modelo mendicante.

Em meu inventário dos grandes temas da vida cultural — no sentido amplo — do século XIII, evocarei a atitude dos Franciscanos do ponto de vista do apostolado destinado aos leigos, seja difundindo esses modelos ou a eles se opondo, marcando-os com sua originalidade ou introduzindo diferenças e adaptações.

MODELOS LIGADOS AO ESPAÇO E AO TEMPO

A cidade

O espaço de Francisco e dos primeiros franciscanos é em primeiro lugar a respiração, a alternância cidade/solidão, conventos/eremitérios, de acordo, aliás, com a tradição de um São Martinho oscilando entre a *cura animarum* como bispo de Tours e o retiro como monge em Marmoutier. Tomás de Celano insistiu muito sobre esse gosto de Francisco pelo recolhimento na solidão (por exemplo II Cel 9: *solitaria loca de publicis petens*, "buscando os lugares solitários em vez dos públicos").

Entretanto, a escolha que fazem Francisco e seus irmãos é o apostolado nas cidades. Essa opção pela cidade e o processo de instalação dos Franciscanos nas cidades foram bem estudados, em particular no que toca à Itália. É por exemplo o caso de Florença[1] e de Perúsia.[2] Em sua célebre Crônica, Salimbene manifesta seu interesse de franciscano pelas cidades, e especialmente por sua cidade de Parma. Chama a atenção para a preferência particular mostrada pelos Franciscanos pelas pequenas cidades, diferentemente dos Dominicanos, mais cuidadosos em estabelecer grandes conventos nas cidades importantes.[3]

---

[1]A. Benvenuti Papi, "L'impianto mendicante in Firenze, un problema aperto", em *Les Ordres Mendiants et la ville en Italie centrale (v. 1220-v. 1350)*, Table Ronde de l'École française de Rome, Roma, 1977, pp. 595-608.

[2]A. I. Galletti, "Insediamento degli ordini mendicanti nella città di Perugia. Prime considerazioni e appunti di ricerca", *ibid.*, pp. 587-594.

[3]L. Gatto, "Il sentimento cittadino nella 'Cronica' di Salimbene", em *La coscienza cittadina nei comuni italiani del Duecento*, Todi (Itália), 1972, pp. 365-394. Cf. C. Violante, "Motivi e carattere della Cronica di Salimbene", *Annali della Scuola normale superiore di Pisa*, s. II, 22 (1953).

SÃO FRANCISCO DE ASSIS

Essa escolha urbana aliás suscitou discussões das quais fez eco um texto franciscano atribuído a São Boaventura: as *Determinationes quaestionum super Regulam Fratrum Minorum*, cuja quinta pergunta é: "Por que os frades moram mais frequentemente nas cidades e nas aldeias fortificadas?" (*Cur fratres frequentius maneant in civitatibus et oppidis?*).[4] Um Mateus Paris faz mesmo da residência na cidade a característica dos Menores.[5]

O espaço de Francisco e dos irmãos torna-se uma rede de cidades e a estrada entre elas. Os Franciscanos estão na maior parte do tempo *in via*, "na estrada". A estrada levará alguns deles até a Ásia e a China. De Francisco e de seus companheiros dizem ainda as fontes que eles vão *per civitates et loca* [pelas cidades e localidades], que entram nas cidades e aldeias, "*intrant civitates et villas*". Seu apostolado os leva a utilizar ou a criar novos espaços comunitários nas cidades, em particular para a pregação. Esse novo lugar da palavra urbana é frequentemente a *praça*, recriando um espaço cívico ao ar livre, sucedendo a desaparecida ágora e o fórum antigo.[6] Às vezes, como em Perúsia, os *bellatores*, os "guerreiros", tentavam confiscar esse espaço em prejuízo dos *oratores*, os "oradores". Às vezes, como em Limoges (França) para uma pregação de Antônio de Pádua,

---

[4] L. PELLEGRINI, "L'ordine francescano e la società cittadina in epoca bonaventuriana. Un' analisi del 'Determinationes quaestionum super Regulam Fratrum Minorum' ", *Laurentianum*, 15 (1974), pp. 175-177. Cf. J. LE GOFF, "Ordres mendiants et urbanisation dans la France médiévale", *Annales. E.S.C.* (1970), pp. 928-931.
[5] "Os frades chamados Menores (...) habitantes das metrópoles e das cidades (...)" (*Fratres qui dicuntur Minores ... habitantes in urbibus et civitatibus...*) (*Historia Anglorum*, em MGH, SS, XXVIII, 397, ad annum 1207).
[6] Por exemplo, Francisco pregando em 1222 em Bolonha, na praça, diante do palácio público onde "quase toda a cidade estava reunida" (TOMÁS DE SPALLATO, *Historia Salonitarum*, em L. LEMMENS, *Testimonia minora saeculi XIII de S. Francisco Assisiensi*, Quaracchi, 1926, p. 10).

190 JACQUES LE GOFF

a multidão era tal que ele teve de utilizar as antigas ruínas romanas, no caso o circo.[7]

Por fim, a instalação dos Menores (como a dos Pregadores) organizar-se-á em forma quadricular no espaço em torno das cidades ou dentro delas. No primeiro caso, é a delimitação dos territórios que tinham a cidade como centro: as *custodiae* (cf. as *praedicationes** dominicanas). Para o segundo caso, a bula *Quia plerumque*, de Clemente IV, de 20 de novembro de 1265, define a distância mínima que deve separar dois conventos de Mendicantes em uma mesma cidade — definindo uma reorganização do espaço urbano em torno dos conventos de Mendicantes.[8]

A igreja

Apesar da importância crescente do ponto de vista arquitetônico, urbanístico e sociorreligioso das igrejas das ordens Mendicantes, é preciso notar que — e isto é mais particularmente verdadeiro entre os Franciscanos — o apostolado franciscano mantém-se num certo afastamento quanto à construção de igreja.

---

[7] "Como certa vez convocasse para pregação o povo de Limoges, e a multidão de povo fosse tanta que qualquer igreja era considerada pequena (...), convocou o povo para um lugar espaçoso que noutro tempo tinha abrigado templos dos pagãos, lugar chamado Fossa das Arenas" (*Cum semel Lemovicis populum ad praedicationem convocasset, et tanta esset multitudo populi quod angusta reputaretur quaelibet ecclesia... ad quemdam locum spatiosum, ubi olim fuerant palatia paganorum, qui locus dicitur Fovea de Arenis, populum convocavit*) (AA.SS., *Junii*, II, 727, citado por A. LECOY DE LA MARCHE, *La Chaire française au Moyen Âge, spécialemente au XIII siècle*, Paris, 1886, p. 141).

*As *custodiae* para os franciscanos e as *praedicationes* para os dominicanos passaram a ser, no mundo medieval, subdivisões das províncias de cada uma dessas ordens. (*N. do T.*)

[8] LE GOFF, "Ordres mendiants et urbanisations", art. citado, p. 932. Cf. E. GUIDONI, em *La città dal medioevo al rinascimento*, Bari (Itália), 1981, pp. 123-158.

SÃO FRANCISCO DE ASSIS

Pierre Michaud-Quantin chamou a atenção para o fato de que, do mesmo modo que as universidades não procuram no século XIII possuir prédios próprios, assim "os Menores ainda parecem considerar Porciúncula [o humilde oratório primitivo de Francisco] como seu enraizamento ideal", e com os Mendicantes há "supressão dos laços institucionais e permanentes entre o religioso e a casa onde reside".[9]

Uma função essencial para os Franciscanos (como para os Dominicanos) é a *pregação*. A pregação tem tendência para sair da igreja, a se realizar *fora*, nas praças, nas casas, na estrada, onde houver homens. Cria seu próprio espaço, ou transforma o espaço *público* em espaço da palavra de salvação. Em relação a isso, o *título* da bula de Nicolau III, de 14 de agosto de 1279, *Exiit qui seminat* ("Aquele que semeia saiu", ou seja: é preciso sair para semear), é simbólico.

A casa

O apostolado dos Franciscanos, sobretudo no início, não espera que os leigos vão a eles, mas eles vão aos leigos no lugar por excelência de sua permanência: a *casa*.[10] Desse modo se reconhece e se reforça um fenômeno de grande importância do ponto de vista social e cultural: a constituição da família nuclear num lugar específico de residência, a recuperação da casa como

---

[9]P. MICHAUD-QUANTIN, *Universitas. Expressions du mouvement communautaire dans le Moyen Âge latin*, Paris, 1970, especialmente as pp. 78-79.
[10]O texto da *Regula non bullata* é: "E em qualquer casa em que entrassem diziam primeiro: Paz para esta casa" (*Et in quamcumque domum intraverunt, dicam primum: Pax huic domui*) (XIV). Cf. *Opuscula Sancti Patris Francisci Assisiensis*, editor C. ESSER, Grottaferrata (Itália), 1978, Indices, s.v. domus, p. 370. A frase é retomada na *Regula bullata*.

centro individual e familial (imagens piedosas, cantos reservados à oração) e, portanto, de santificação da vida cotidiana pela conversação com os religiosos "a domicílio".* Uma passagem célebre da *Vida dos três companheiros* evoca deste modo o nascimento da Ordem Terceira franciscana: "Assim, maridos e mulheres, não podendo romper os laços do matrimônio, entregavam-se, em suas próprias casas, sob o piedoso conselho dos Frades, a uma prática mais rigorosa da penitência."[11]

A *Vida dos três companheiros*, que insiste no contraste homens das florestas/homens das cidades, que encarna sinteticamente os primeiros Franciscanos, evoca a frequência dos frades a casas modestas:

"Todos aqueles que os viam sentiam grande admiração, porque seus costumes e sua vida os tornavam bem diferentes de todos os outros mortais e faziam deles, por assim dizer, homens das florestas.

"Quando entravam numa cidade ou num castelo, numa aldeia ou numa casa modesta, pregavam a paz, confortavam todo mundo, falando de temer e de amar o Criador do céu e da terra e observar seus mandamentos."[12]

Esse frequentar as casas dos leigos, sem exclusões das casas de nobres, de cavaleiros, de ricos que o próprio Francisco não

---

*Há em anos recentíssimos um purismo antigalicista — atrasado de mais de 100 anos, já se vê — combatendo a expressão "a domicílio" (enraizada na língua pelo menos desde o século XIX) e tentando substituí-la por "em domicílio". É como condenar a expressão "todo mundo" na tentativa de usar com exclusividade "toda gente", para ficarmos num único exemplo. Enquanto se embarca nessa tolice para a tradicional "entrega a domicílio", avança célere o anglicismo (talvez fosse melhor dizer americanismo) *delivery*, que já ouvi da boca de um pobre entregador como "delivéri". (*N. do T.*)

[11]*Trium sociorum*, 60. Tradução francesa em *Saint François d'Assise. Documents rassemblés et présentées*, par Th. DESBONNETS e D. VORREUX, Paris, 1968, p. 846.

[12]*Trium soc.*, 37, em Th. DESBONNETS e D. VORREUX, *Saint François d'Assise, op. cit.*, p. 828.

SÃO FRANCISCO DE ASSIS

desdenhava, porque o apostolado para os ricos leigos era tão importante se não mais importante a seus olhos, relaciona-se com os primórdios da Ordem e a ausência de lugares próprios de hospedagem.[13]

Mas a ideia de possuir casas para os próprios frades foi certamente um dos pontos de tensão na ordem: Tomás de Celano conta como reagiu Francisco, que tinha intenção de passar por Bolonha, ao saber da construção recente naquela cidade de uma casa de frades: "Quando ouviu estas palavras: 'casa de frades', fez meia-volta, afastou-se de Bolonha e tomou um outro itinerário; depois exigiu dos irmãos que deixassem imediatamente a casa."[14]

Tocou-se aqui num ponto importante, uma evolução — no sentido da separação e do afastamento — das relações dos frades com os leigos. O apostolado nas casas, a hospedagem nas casas dos leigos, dão-se sobretudo no primeiro período, quando os frades são ainda *semileigos*: "como... plantando a semente do verbo de Deus, a exemplo dos Apóstolos, percorressem diversas casas" (*cum ... serendo semina verbi Dei apostolorum exempla diversas circumeant mansiones*), diz a bula de Honório III, de 1219.

A novidade

O caráter *novo* de São Francisco e de sua ordem impressionou os contemporâneos numa época que se tornou sensível ao lado positivo da novidade e em que se esfuma a condenação

---

[13]Cf. *Trium soc.*, 60, *ibid.*, p. 845, trecho que poderia ser traduzido assim: "Quando não podiam ser recebidos por padres, iam de preferência às casas dos homens piedosos e tementes a Deus."
[14]II Cel, 58, *ibid.*, p. 397.

JACQUES LE GOFF

tradicional da novidade.[15] Um hino em honra de São Francisco atribuído a Tomás de Celano diz

"Uma nova ordem, um novo modelo de vida surgiu no mundo, inédito."

Novus ordo, nova vita
Mundo surgit inaudita.[16]

Burchard d'Ursperg, premonstratense morto em 1230, disse, em seu *Cronicão*, dos Menores e Pregadores: "O mundo já ia envelhecendo, (quando) nasceram duas instituições religiosas na Igreja, (com) as quais, à semelhança das águias, a juventude se renova"* *(mundo jam senescente exortae sunt duae religiones in Ecclesia cujus ut aquilae renovatur juventus).*[17]

Na narração de Perúsia, Francisco diz a seus irmãos: "E disse o Senhor para mim que queria que eu fosse um novo louco no mundo" *(Et dixit Dominus mihi quod volebat quod ego essem novellus pazzus in mundo).*[18]

Em sua *Expositio super Regulam*, Boaventura devia defender os Menores da acusação de constituírem uma *ordo fictitius, de novo institutus* ("uma ordem fictícia, instituída como uma novidade")

---

[15]B. Smalley, "Ecclesiastical Attitudes to Novelly c. 1100-c. 1250", em D. Baker (editor), *Church, Society and Politics*, Oxford, 1975, pp. 113-131.

[16]*Analecta franciscana*, t. 10, p. 402.

*A expressão romana *aquilae senectus*, "velhice de águias", encontrada por exemplo no poeta Ausônio (v. dic. de Saraiva), refere-se a uma velhice ativa, uma velhice com disposição de juventude, o que explica a referência às águias de Burchard d'Ursperg. (*N. do T.*)

[17]Lemmens, *Testimonia minora, op. cit.*, p. 17.

[18]*Narração de Perúsia*, ou *Lenda de Perúsia* (daqui em diante citada como *Leg. Per.*), 114 . Notar-se-á a palavra da língua vulgar *pazzus* [correspondente ao italiano moderno *pazzo*, "louco").

SÃO FRANCISCO DE ASSIS

e opôs a ideia de renovação à de novidade: "Por isso não é nova esta regra, ou este modelo de vida, mas sem dúvida renovada" *(non est ergo haec regula aut vita nova, sed procul dubio renovata)*.

É preciso situar essa classificação de "novidade" na grande inversão de valores que a Cristandade latina conheceu da metade do século XII à metade do século XIII. O padre Chenu mostrou admiravelmente em *La Théologie au XII siècle* como, diante da ideologia do envelhecimento do mundo, professada pela alta Idade Média (*mundus senescit*, segundo a fórmula repetida por Burchard d'Ursperg), a máquina da história é reposta em marcha no século XII. Francis de Beer analisou com grande sutileza a maneira pela qual Francisco é apresentado por Tomás de Celano como o homem da conversão à maneira de *arrancada*, à qual dá ênfase a fórmula: *"nunc coepi"* ["começar agora"]. É uma espiritualidade da iniciativa. O passado é abolido nesse movimento de conversão, porque o presente e o passado são antagonistas, enquanto que o presente e o futuro são solidários. Isso é verdadeiro sobretudo num sentido escatológico, mas também no sentido de um progresso como lei da vida espiritual: *perfectiora incipere* (I Cel, 103, 3).[19]

Mesmo que as relações entre franciscanismo e milenarismo, mais precisamente entre franciscanismo e joaquinismo,* tenham sido estreitas, ainda que ambíguas (houve sobretudo tentativa de conquista, de interpretação possessiva do franciscanismo pelos joaquinistas, e algumas tendências entre os Menores), não se pode

---

[19]F. DE BEER, *La Conversion de saint François selon Thomas de Celano*, Paris, 1963.
*Joaquinismo ou joaquimismo é a doutrina dos seguidores de Gioacchino da Fiore (Joaquim de Fiore), já citado como cabeça dos milenaristas. (*N. do T.*)
[20]Além do ensaio clássico de Luigi Salvatorelli, "Movimento francescano e gioachimismo. La storiografia francescana contemporanea", em *X Congresso Internazionale di scienze storiche, Relazioni*, III *(Storia del Medioevo)*, Florença, 1955, pp. 403-338 (*sic*), e de uma abundante bibliografia, ver, entre outros, F. RUSSO, "S. Francesco ed i Francescani nella letteratura profetica gioachimita", em *Miscellanea francescana* 46 (1946), pp. 232-242.

JACQUES LE GOFF

exagerar o milenarismo franciscano.[20] Tomás de Celano dá do fenômeno franciscano na Igreja uma interpretação perfeitamente histórica, cronologicamente datada. Quando o bispo de Assis teve uma visão de São Francisco morto em Benevento, "chamou o escrivão e fez com que ele escrevesse o dia e a data."[21] São assim os novos hábitos de atenção quanto ao tempo cronológico, datado.

A memória

Nas sociedades e nas épocas em que a *oralidade* desempenha um papel considerável — e esse é o caso do Ocidente medieval, apesar dos progressos da escrita —, a *memória* tem uma função particularmente importante. Nesse ponto, o século XIII, depois do renascimento que ela conheceu no século XII, viveu um verdadeiro apogeu da memória.

As teorias e as técnicas de memorização se multiplicavam e se reforçavam. Os frades Mendicantes participavam dessa evolução intelectual.[22]

A vida cristã é mais particularmente definida como memória. A lembrança ativa do Cristo torna-se um motor essencial da vida espiritual.

A confissão e a pregação põem em primeiro plano o *exame de consciência* que é em primeiro lugar rememoração.

Para Francisco, a virtude essencial é a lembrança da alma amante, a *recordatio*. Aqui, ainda, Francis de Beer mostrou a importância da "lembrança coligida" na conversão de Francisco: "Francisco é *memor Dei* [o que se lembra de Deus] (II

---

[21]II Cel, p. 220.
[22]Cf. Fr. YATES, *The Art of Memory*, Londres, 1966, trad. francesa, *L'Art de la mémoire*, Paris, 1975.

SÃO FRANCISCO DE ASSIS

Cel, 14, 15), não esquece sua promessa (*non obliviscetur*, II Cel, 11, 10)..., lembra-se das chagas de Cristo (*recordans plagarum Christi*, II Cel, 11, 8)..., o Cristo é Aquele de quem a gente se lembra."[23]

A conclusão da *Regula non bullata* era um apelo insistente à memória dos frades: "Rogo a todos os irmãos que tomem conhecimento do teor e do sentido das [coisas] que estão escritas nesta vida para a salvação de nossa alma e relembrem isso frequentemente para lembrança. E peço a Deus que ele próprio, que é onipotente, trino e uno, abençoe todos os mestres, os discípulos, os possuidores, os *festejadores** e os trabalhadores..." (*Rogo omnes fratres, ut addiscant tenorem et sensum eorum quae in ista vita ad salvationem animae nostrae scripta sunt et ista frequenter ad memoriam reducant. Et exoro Deum, ut ipse, qui est omnipotens, trinus et unus, benedicat omnes docentes, discentes, habentes*, recordantes *et operantes...*).

Como Cristo tinha feito na noite de Quinta-Feira Santa, Francisco, em seu testamento de Sena, chama os irmãos a se lembrarem dele.[24]

Por fim, de acordo com uma atitude do monaquismo primitivo, como de Antão tinha dito Atanásio, sua memória ficaria nos livros: "*memoriam pro libris habebat*" (II

---

[23]DE BEER, *La Conversion, op. cit.*, pp. 222-224.

*No sentido de quem comemora, isto é, etimologicamente, lembra ou relembra em conjunto (uma festa religiosa etc.). O destaque gráfico vem no próprio texto original, *recordantes*, por se tratar de termo inusitado, supõe-se. Por isso manteve-se um termo inusitado na tradução portuguesa, seguindo o espírito da tradução francesa, que usou *commémorateurs*, termo que não faz parte do léxico comum francês. (*N. do T.*)

[24]C. ESSER, *Opuscula, op. cit.*, p. 324: "en signe de la mémoire de ma bénédiction et de mon testament" [em sinal da memória de minha bênção e de meu testamento] (*in signum memoriae meae benedictionis et mei testamenti*).

Cel, 102, 9), e cá está de volta a tensão entre as tendências anti-intelectualistas e a participação na sabedoria livresca, universitária.

A lembrança da Paixão de Cristo não mais abandonou Francisco desde que o Cristo lhe falara (II Cel, 11, 7): "como [se o tivesse] sempre na retina" *(quasi semper coram oculis)*. É o mesmo movimento que anima São Boaventura em sua concepção da *assidua devotio* [devoção permanente].[25]

MODELOS LIGADOS À EVOLUÇÃO DA ECONOMIA

O início do século XIII assiste a uma grande reviravolta na economia ocidental. Dois fenômenos maiores se inscrevem tanto no quadro das ideologias e das mentalidades como no das realidades econômicas: a difusão maciça da economia monetária, do dinheiro, e a mudança do trabalho com a divisão do trabalho urbano, a extensão do trabalho assalariado, a valorização do trabalho, as discussões sobre o trabalho manual nos meios monástico e universitário.

---

[25]"*L'* assidua devotio *è la 'memoria di Dio' presente in maniera stabile e continua* 'ante oculos cordis'" [A devoção permanente é a "memória de Deus" presente de modo estável e contínuo "diante dos olhos do coração"] (Z. ZAFARANA, "Pietà e devozione in San Bonaventura", em *San Bonaventura francescano* [Convegni del Centro di studi sulla spiritualità medievale, XIV, Todi (Itália), 1975, p. 134).

O dinheiro

O dinheiro se apresenta primeiro a Francisco e seus irmãos sob seu aspecto material, sob a forma das peças de moeda que todos, principalmente na cidade, têm cada vez mais a oportunidade de tocar, apalpar, possuir.

A reação de rejeição ao dinheiro é então em primeiro lugar um gesto de repulsa física, a rejeição da matéria monetária. É preciso considerar, sentir as peças de dinheiro como pedras e não lhes dar importância maior do que à poeira. É o longo capítulo VIII da *Regula non bullata* proibindo os frades de receber dinheiro, evocando o diabo, tratando a moeda como poeira ("dele [do dinheiro] não cuidemos mais do que do pó que calcamos com os pés, porque [ele é] a vaidade das vaidades", *de his non curemus tanquam de pulvere, quem pedibus calcamus, quia vanitas vanitatum*...), ameaçando com o anátema o irmão que guardasse ou possuísse dinheiro, que assim seria um falso frade, um apóstata, um salteador, um ladrão, um dono de cofre (aquele que administra a bolsa, o tesouro, *loculos habens* [possuidor de cofres]), como Judas (João 14, 6*). Esse capítulo VIII da *Regula non bullata* foi reduzido pela cúria a uma proibição mais calma e mais breve na *Regula bullata*, IV: "Ordeno firmemente a todos os irmãos que de nenhum modo recebam qualquer moeda ou dinheiro por si mesmos ou por interposta pessoa" *(Praecipio firmiter fratribus universis ut nullo modo*

---

*Na verdade, deve haver um erro de digitação nos números da notação evangélica do original, aqui reproduzida. No curto versículo 6 do capítulo 14 do Evangelho de João está apenas a conhecida frase de Jesus: "Eu sou o caminho, a verdade e a vida. Ninguém vai ao pai senão por mim." Não se fala em dinheiro, nem em Judas, nem em nada parecido com o que está dito na sequência citada. (*N. do T.*)

JACQUES LE GOFF

denarios vel pecuniam recipiant per se vel per interpositam personam). Como Noonan o notou, enquanto se distinguia no século XIII em relação ao dinheiro o *usus facti* e o *usus juris* ("uso de fato" e "uso de direito"), os Franciscanos consideravam que o doador pode sempre retomar seu dinheiro antes do uso.[26] A desconfiança, ao menos no plano teórico, persistirá.

Entretanto, chegar-se-á à adaptação. Não apenas no interior da Ordem o uso do dinheiro, regulamentado, excluindo a propriedade individual, não mais será maldito, mas, sobretudo, a justificação de sua boa aquisição e de seu bom uso será um aspecto essencial do apostolado dos Franciscanos no meio leigo. Mais ainda do que os Dominicanos, os Franciscanos integrarão o dinheiro e os homens de dinheiro no sistema cristão, reconciliarão o comerciante-banqueiro com a Igreja e o cristianismo. Na literatura espiritual e canônica do século XIII em que eles desempenham um papel tão importante como autores e difusores — os tratados *De casibus conscientiae* [Sobre os casos de consciência], *De virtutibus et vitiis* [Sobre as virtudes e os vícios], os manuais para a confissão, *Summae confessorum* [Manual dos confessores], os tratados sobre a usura e a restituição dos ganhos ilícitos, *De usuris* [Sobre os empréstimos com juros], *De restitutionibus* [Sobre as restituições] —, os Franciscanos, em primeiro lugar entre os Mendicantes, fazem a parte de Deus e a parte do Diabo, a parte do bom e do mau cristão na posse e na movimentação do dinheiro.[27]

---

[26]J. T. Noonan Jr., *The Scholastic Analysis of Usury*, Cambridge (Mass.), 1957, p. 60.

[27]Ver, entre outros, J. Le Goff, "Temps de l'Église et temps du marchand", *Annales. E.S.C.*, 15 (1960), pp. 417-433, reeditado em *Pour un autre Moyen Âge*, Paris, 1977, pp. 46-65, e "The Usurer and Purgatory", em *The Dawn of Modern Banking*, Yale University Press, 1979, pp. 25-52, assim como *La Bourse et la Vie, Économie et religion au Moyen Âge*, Paris, 1986. Ver principalmente L.K. Little, *Religious Poverty and the Profit Economy in Medieval Europe*, Londres, 1978.

SÃO FRANCISCO DE ASSIS   201

Noonan notou que foi um frade menor, Astesanus, ministro da província franciscana da Lombardia, morto em 1330, que em sua *Summa* (1317) expôs "o tratamento teológico mais liberal do que nunca para assuntos diversos debatidos [no domínio monetário e econômico]".[28]

O trabalho

O trabalho apresentou-se a São Francisco e a seus irmãos sobretudo do ponto de vista dos meios de subsistência: trabalho manual ou mendicância?

Francisco tinha evocado o problema na *Regula non bullata*, capítulo VII. Aceitara a continuação do trabalho dos irmãos que tinham um no momento de entrar para a ordem e, mais uma vez, observa-se a quase ausência de fronteira entre os leigos e os frades naquele momento. Chegara mesmo a aceitar a propriedade dos instrumentos de trabalho (*ferramenta et instrumenta suis artibus opportuna*, "os utensílios de ferro e os instrumentos próprios para seus trabalhos") para os frades artesãos. Excluíra disso os ofícios desonestos, cujo número aliás diminuía por essa época,[29] e citara as autoridades bíblicas que funcionavam como principais argumentos para os partidários

---

[28]NOONAN, *The Scholastic Analysis, op. cit.*, p. 63. Sobre as atitudes de São Francisco a respeito do dinheiro consultar-se-á, além das passagens citadas das duas Regras: I Cel, 9, 12: "cuida de dinheiro assim como de poeira" (*de pecunia velut de pulvere curat*); II Cel, 65, 66-68; *Trium soc.*, 35; *Legenda maior*, 7, 5; *Speculum perfectionis*, 14. Sobre Judas, símbolo do caráter diabólico do dinheiro entre os Franciscanos, ver M.D. LAMBERT, *Franciscan Poverty*, Londres, 1961, s.v. *Judas*.
[29]Ver J. LE GOFF, "Métiers licites et métiers illicites dans l'Occident médieval", *Études historiques. Annales de l'École des hautes études de Gand* [em flamengo Gent, Bélgica], V (1963), pp. 41-57, republicado em *Pour un autre Moyen Âge, op. cit.*, pp. 91-107.

da valorização do trabalho: o Salmo 127, 2 — "Comerás o fruto de teu trabalho, serás feliz e cumulado de bens" (*Labores fructum tuorum manducabis, beatus es et bene tibi erit*); e São Paulo — "Quem não quer trabalhar não comerá" (*Qui non vult operari non manducet*) (2Ts 3, 10), "Que cada um permaneça no trabalho e no ofício para os quais foi chamado" (*Unusquisque qui [in ea arte et officio] in quo vocatus est, permaneat*) (1Cor 7, 24). Mas um aspecto o inquietava: o trabalho assalariado. Era proibido aos frades receber um salário em dinheiro, eis a única proibição que permanece na *Regula bullata*, V, onde está a questão "da remuneração do trabalho para si próprio e para seus irmãos" (*de mercede laboris pro se et suis fratribus*). O *Testamento* marca uma volta às prescrições do trabalho manual: "E eu trabalhava com as minhas mãos, e quero trabalhar; e quero firmemente para todos os outros irmãos que trabalhem um trabalho que tenha a ver com a honestidade. Aqueles que não sabem, aprendam, não por causa do desejo de receber o preço do trabalho, mas por causa do exemplo e para afastar a ociosidade" (*Et ego manibus meis laborabam, et volo laborare; et omnes alii fratres firmiter volo, quod laborent de labore, quod pertinet ad honestatem. Qui nesciunt, discant, non propter cupiditatem recipiendi pretium laboris, sed propter exemplum et ad repellendam otiositatem*) (*Test.* 20-21).

Quanto à grande oposição entre vida ativa e vida contemplativa, Richard de Bonington, em seu *Tractatus de Paupertate fratrum minorum* [Tratado sobre a pobreza dos frades menores] (cerca de 1311-1313), situa os Franciscanos do lado da vida ativa e laboriosa ("estão livres para muita ação, isto é, uma vida laboriosa", *vacant ut plurimum actioni, que es vita laboriosa*).

SÃO FRANCISCO DE ASSIS

Frei Gil,* para não comer seu pão sem trabalhar (*otiose*, "ociosamente"), ia procurar água em uma fonte, carregava-a em um cântaro às costas e ia dá-la na cidade em troca de pão. E a um cardeal que se espantava de vê-lo ganhar seu pão como um pobre, citava o Salmo 127 [128, na Bíblia hebraica, cujo versículo 2 está transcrito na página anterior].[30]

---

*Frei Gil, que aqui o autor trata por esse nome ("Gilles", em francês, ou Gille), é o mesmo que ele trata de Frei Egídio ("Égide", em francês), no Capítulo II, *À procura do verdadeiro São Francisco*, subtítulo "Da primeira à segunda regra" (observe-se que a nota 1, logo a seguir, fala da vida de *Fratris Egidii*) . Os nomes ambos se originam do latim *Egidius* (ver Dauzat, *Dictionnaire étymologique des noms de famille et prénoms de France*, Paris, Larousse, edição de 1989, revista e aumentada por Marie-Thérèse Morlet), e Gilles na verdade é um simples hipocorístico de Égide (como Gil o é de Egídio em português, ver capítulo *Equivalências de Antroponímicos*, em *Martirológio Romano*, editado por encomenda de Gregório XIII, revisto por decisão de Urbano VIII, depois de Clemente X, corrigido e ampliado sob Bento XV, tradução portuguesa de Frei Leopoldo Pires Martins, OFM, Vozes, Petrópolis, 1954). Só no *Martirológio* o dia 1º. de setembro consta como dia de São Gil. No tradicional *Missal Quotidiano* beneditino, de D. Beda Keckeisen, OSB (Mosteiro de São Bento, Bahia [Salvador], 16ª. edição, 1956), o mesmo dia é consagrado a São Egídio, assim como em diversos outros hagiológios católicos consultados. No *Missel Dominicain Quotidien*, 4ª. edição, Cerf, Paris, 1948, esse dia é o de Saint Gilles. Vê-se que Gilles e Égide são um só e único nome, como Gil e Egídio em português, mas misturar as formas sem qualquer observação certamente causaria confusão ao leitor menos avisado, daí a necessidade deste esclarecimento (a duplicidade de formas certamente se deu porque este livro é composto de quatro partes redigidas, como o autor esclarece no início de cada um dos capítulos, em épocas e publicações diferentes). Nas edições brasileiras de obras referentes especificamente a São Francisco só costuma aparecer a forma "Frei Egídio". Ver, por exemplo, Tomás de Celano, *Vida de São Francisco de Assis,* tradução do original latino por Frei José Carlos C. Pedroso OFM Cap, 7ª. edição, Vozes, Petrópolis, 1986, e Johannes Joergensen, *São Francisco de Assis*, tradução de Luís Leal Ferreira, 2ª. edição, Vozes, Petrópolis, 1982 (a obra original, dinamarquesa, é de 1909). Na literatura de língua portuguesa, entretanto, temos um exemplo do uso de "Gil" no delicioso conto inacabado *São Frei Gil*, de Eça de Queirós, em suas "Lendas de Santos", reunidas em edição *post mortem* sob o título genérico de *Últimas Páginas*, Chardron, Porto, 1917. (N. do T.)

[30]*Vita Beati Fratris Egidii*, 5, em *Scripta Leonis, Rufini et Angeli sociorum S. Francisci*, ed. R.B. BROOKE, Oxford, 1970, pp. 324-326.

204   JACQUES LE GOFF

Thomas d'Eccleston chamou a atenção para o fato de que o segundo leigo que entrou na ordem na Inglaterra, Laurent de Beauvais, "trabalhou primeiro como artesão, de acordo com o princípio da regra".[31]

São Boaventura buscou atualizar o esquema trifuncional *oratores, bellatores, laboratores*, nascido na sociedade dos monges, dos guerreiros e dos camponeses da alta Idade Média, aproximando-o da sociedade urbana contemporânea e dos esquemas intelectuais marcados pelas influências da filosofia antiga. Desse modo, falou em *opus artificiale, opus civile, opus spirituale*, reagrupando na primeira categoria agricultores e artesãos, de acordo com uma classificação da sociedade segundo as atividades.[32]

Contento-me em lembrar que São Boaventura defendendo, com Santo Tomás, os mestres universitários mendicantes contra os mestres seculares, especialmente Guillaume de Saint-Amour, teve de repelir a acusação de ociosidade e foi, assim, levado a estender a ideia de trabalho ao domínio intelectual e religioso.[33]

Não apenas os Franciscanos se afastaram eles próprios da prática do trabalho manual e da ideologia do trabalho, como também se tornaram menos atentos à integração do trabalho dos leigos no novo sistema de valores espirituais e religiosos que lhes cabia no que se refere à movimentação do dinheiro. É um fracasso de seu apostolado a respeito dos leigos.

---

[31]*De adventu fratrum minorum in Angliam. The Chronicle of Thomas of Eccletion*, ed. A.G. LITTLE, Manchester, 1951, pp. 5-6: ao pé da letra, "que trabalhou no início em ofício mecânico, segundo o decreto da regra" *(qui laboravit in principio in opere mechanico, secundum decretum regulae)*.

[32]Ver W. KOLMEL, "Labor und paupertas bei Bonaventura", em *San Bonaventura maestro di vita francescana e di sapienza cristiana* (Atti del Congresso internazionale per il VII centenario di san Bonaventura da Bagnoregio, editadas por A. POMPEI, II, Roma, 1976, pp. 569-582.

[33]Cf. M.M. DUFEIL, *Guillaume de Saint-Amour et la polémique universitaire parisienne, 1250-1259*, Paris, 1972, s.v. *travail intellectuel, travail manuel*.

SÃO FRANCISCO DE ASSIS

MODELOS LIGADOS À ESTRUTURA DA SOCIEDADE GLOBAL OU CIVIL

Estados (status)

O século XIII é um século da globalidade. Instaura um processo de exclusões (judeus, hereges, leprosos etc.), mas se esforça para englobar todos os cristãos em uma mesma estrutura. Francisco e os Franciscanos acabam por participar da exclusão de alguns (hereges), ainda que a luta contra a heresia tenha por finalidade teórica a abjuração e a reintegração dos hereges. Eles asseguraram o lugar de alguns rejeitados na sociedade global cristã (leprosos). Quiseram sobretudo dirigir-se ao conjunto da sociedade. Daí as cartas de São Francisco a *todos* os fiéis (*Ep. Fid.* I e *Ep. Fid.* II), a *todos* os clérigos (*Ep. Cler.* I-II), a *todos* os governantes (*Ep. Rect.*).[34]

Um texto essencial que não analisarei aqui,[35] parte da *Regula non bullata* (XXIII, 7), mostra São Francisco tentando abraçar essa totalidade da sociedade humana e nos revela a visão que ele tem de sua estrutura. Cito integralmente esta passagem: "*Et*

---

[34]A edição do P. ESSER dos *Opuscula* de São Francisco não conserva nos seus títulos os intitulados tradicionais: carta a *todos* os fiéis, carta a *todos* os clérigos. Esses títulos não existem, é verdade, nos manuscritos medievais. Mas as primeiras linhas dos escritos de São Francisco justificam os títulos tradicionais: "eles todos e elas todas" *(omnes autem illi et illae)*, "a todos os religiosos cristãos, clérigos e leigos, homens e mulheres, a todos aqueles que habitam no mundo inteiro" *(universis christianis religiosis, clericis et laicis, masculis et feminis omnibus qui habitant in universo mundo)*, "consideremos, os clérigos todos" *(attendamus, omnes clerici)*, "a todos os poderosos e cônsules, juízes e governantes por toda parte na terra e a todos os outros" *(universis potestatibus et consulibus, iudicibus arque rectoribus ubique terrarum et omnibus aliis)*.

[35]Esbocei essa análise no Capítulo III deste livro, "O vocabulário das categorias sociais em São Francisco de Assis e seus biógrafos do século XIII."

Domino Deo universos intra sanctam ecclesiam catholicam et apostolicam servire volentes et omnes sequentes ordines: sacerdotes, diaconos, subdiaconos, acolythos, exorcistas, lectores, ostiarios et omnes clericos, universos religiosos et religiosas, omnes pueros et parvulus et parvulas, pauperes et egenos, reges et principes, laboratores et agricolas, servos et dominos, omnes virgines et continentes et maritatas, laicos, masculos et feminas, omnes infantes, adolescentes, iuvenes et senes, sanos et infirmos, omnes pusillos et magnos, et omnes populos, gentes, tribus et linguas, omnes nationes et omnes homines ubicumque terrarum, qui sunt et erunt.”[36]

Texto notável que reúne todas as espécies de classificação de princípios e origens diversas, que promove à dignidade da lista categorias depreciadas, que abraça toda a terra e todo o tempo futuro, mas que elimina os antagonismos sociais e, em relação aos leigos, se apresenta com toda a ambiguidade de uma atitude que abrange, mas sufoca numa fraternidade uniforme as estruturas sociais. Pressente-se a força de sedução, de incitação, mas também de decepção quanto às massas medievais que essa concepção contém em si.

Mas são exatamente as massas, todas as classes, todos os sexos reunidos, que acorrem para ver Francisco e beber suas palavras. As expressões que se repetem nos escritos de seus biógrafos são significativos: *populus* (“o povo”), *magnus populus* (“o grande povo”), *multi de populo* (“muita gente do povo”), *nobiles et ignobiles* (“nobres e não nobres”), *clerici et laici* (“clérigos e leigos”), *non solum viri sed etiam multae virgines et viduae* (“Não apenas os

---

[36]Ver a tradução desta passagem em “O vocabulário das categorias sociais em São Francisco de Assis e seus biógrafos do século XIII”, p. 137, nota 19. Falta lá apenas o pequeno trecho inicial que aparece aqui, cuja tradução é a seguinte: “E desejando servir ao Senhor Deus e a todos dentro da santa igreja católica e apostólica...”

SÃO FRANCISCO DE ASSIS

homens mas também muitas virgens e viúvas"), *cunctus populus* ("o povo todo"), *parvi et magni* ("os pequenos e os grandes"), *homines et mulieres* ("homens e mulheres") etc.

Os leigos

A ação franciscana se insere simultaneamente num movimento religioso de promoção dos leigos no cristianismo e num movimento geral de "laicização" da sociedade do qual Georges de Lagarde se tornou o historiador no plano das ideias e das teorias.[37]

Nos primórdios da Ordem, a *Regula bullata*, no capítulo III, confirma a presença dos *laici* ao lado dos *clerici*. John Mundy observou com precisão que os Mendicantes, sobretudo os Franciscanos, introduzem uma mudança radical na condição dos conversos ou irmãos leigos em relação às estruturas e às tradições monásticas. Os conversos pertencem à primeira ordem, enquanto que os leigos e as mulheres que permanecem no século constituíram a Ordem Terceira. O melhor que os conversos fizeram, no início da Ordem, foi que "serviram de modelo nas casas dos frades" porque os irmãos sacerdotes estavam mais ocupados com o apostolado extramuros.[38]

Um exemplo de leigo na ordem em seus primórdios é John Iwyn, burguês e dono de armarinho em Londres, que se tornou

---

[37]G. DE LAGARDE, *La Naissance de l'esprit laïque au déclin du Moyen Âge*, 6 vol., nova edição, Paris, 1956-1963. Sobre o lugar dos leigos na espiritualidade do século XIII, ver J. LECLERC, F. VANDENBROUCKE, L. BOUYER, *La Spiritualité du Moyen Âge*, Paris, 1961: "Laïcs et clercs au XIII siècle", pp. 414-447.
[38]J. MUNDY, *Europe in the High Middle Ages 1150-1309*, Londres, 1973, pp. 186-187.

notável por sua piedade, "ele próprio tendo entrado como leigo na vida religiosa deixou-nos exemplo de perfeitíssima penitência e da mais alta devoção" *(ipse ut laicus ingressus religionem perfectissimae penitentiae et summae devotionis nobis exempla reliquit).*[39]

Quanto a isso, uma página decisiva foi virada e uma experiência excepcional suprimida pelo capítulo geral de Roma de 1239 que, apesar das raríssimas exceções previstas, excluiu de fato os leigos da Ordem. Raoul Manselli mostrou luminosamente o processo de clericalização da Ordem no século XIII, fenômeno decisivo que restabeleceu a fronteira do clericato entre os frades e os leigos.[40]

A mulher

Há em São Francisco e no franciscanismo do século XIII um lugar para a mulher que não existe nesse grau e nessa perspectiva em nenhum outro meio religioso da época — com exceção, claro, do meio das beguinas, e haveria, no fim do século, as grandes místicas beneditinas de Helfta.

Em São Francisco, a mulher se apresenta como uma imagem de sonho e tem valor de símbolo. Francisco "busca uma esposa", "sonha com sua senhora". Ao lado da esposa e da senhora, a mãe também é um símbolo frequente nele. O próprio Francisco se compara com uma "bonita mulher" *(mulier formosa)* (II Cel, 16, 10).[41] Três mulheres atravessam luminosamente a vida religiosa

---

[39]*De adventu fratrum minorum in Angliam*, 21.

[40]R. Manselli, "La clericalizzazione dei Minori e san Bonaventura", em *San Bonaventura, op. cit.*, pp. 181-208.

[41]Ver F. De Beer, *La Conversion*, s.v. *Femme*. E ver agora J. Dalarun, *François d'Assise: un passage. Femme et féminité dans les écrits et légendes franciscaines*, 1977.

SÃO FRANCISCO DE ASSIS

de Francisco: Clara de Assis, Giacomina dei Settesoli* e, num grau menor, Praxedes, a reclusa romana.

Com Santa Clara, dá-se, em estreita associação com a primeira ordem, a ordem masculina, a fundação da segunda ordem, a das Pobres Senhoras.

Jacques de Vitry, desde sua primeira carta de 1216, observa-as no movimento: "Tive uma consolação por ver um grande número de homens e de mulheres que renunciavam a todos os seus bens e deixavam o mundo pelo amor de Cristo: 'frades menores' e 'irmãs menores', assim são chamados... As mulheres ocupam nas vizinhanças das cidades diversas hospedarias e asilos, aí vivem em comunidade do trabalho de suas mãos, sem aceitar nenhum lucro." E esta observação: "A veneração que lhes dedicam clérigos e leigos é um peso para elas, coisa que as aflige e as contraria."[42]

Lembre-se que, em suas cartas, Francisco faz questão de se dirigir aos homens e às mulheres e que seus biógrafos assinalam a presença de numerosas mulheres em seus auditórios.

Houve ligações estreitas entre os Franciscanos e numerosas confrarias da Virgem, e Giovanni Miccoli esclareceu luminosamente a função da devoção marial entre os fiéis, em especial os leigos. É uma mediação particularmente eficaz para aproximar a divindade mais facilmente do que através do esoterismo litúrgico e iconográfico.[43]

---

*Observe-se que aqui o Autor abandona a grafia "Settesogli", que usou no capítulo II, *À procura do verdadeiro São Francisco*, subtítulo "As obras e a obra", trocando-a pela que está em quase todos os outros autores, e parece melhor, Settesoli. (*N. do T.*)
[42]Trad. fr. de TH. DESBONNET-D. VORREUX, *Saint François d'Assise, op. cit.*, pp. 1443-1444. Texto latino de R.B.C. HUYGENS, *Lettres de Jacques de Vitry*, Leyden [Holanda], 1960, pp. 75-76.
[43]G. MICCOLI, "La storia religiosa", em *Storia d'Italia*, 2/1: *Dalla caduta dell'impero romano al secolo XVIII*, 1974, Turim, pp. 825-831. Sobre o "discurso complexo" dos Franciscanos na pregação às mulheres no século XIII, ver C. CASAGRANDE, *Prediche alle donne del secolo XIII*, Milão, 1978, pp. XVIII-XIX, e os trechos de Gilbert de Tournai.

JACQUES LE GOFF

Mas essa presença da mulher e da feminilidade não se dá sem divisão entre os Menores. Francisco e seus irmãos participam da tradição cristã e mais especialmente monástica da mulher tentadora — deve-se evitar frequentá-la. O capítulo XII da *Regula non bullata* convida os irmãos a guardar-se "do aspecto ruim e da abundância de mulheres" *(a malo visu et frequentia mulierum)*. O capítulo XI da *Regula bullata* proíbe-lhes "relações suspeitas ou os conselhos das mulheres" *(suspecta consortia vel consilia mulierum)* e a entrada nos mosteiros de monjas.

Se o casamento não é um obstáculo que impeça o acesso à Ordem Terceira, impede, porém, a entrada na primeira ordem. A abstinência sexual, que a reforma gregoriana erigiu como um dos principais traços distintivos dos clérigos em relação aos leigos, foi imposta aos frades pela *Regula bullata*. O segundo capítulo, que enumera as condições para a admissão, estipula que não serão admitidos postulantes casados e que não haverá exceção a não ser quando a mulher dele já tiver entrado para um mosteiro ou que a ela seja permitido, com autorização do bispo diocesano, entrar para a vida religiosa depois de ter feito pessoalmente voto de castidade e de estar, por sua idade, acima de qualquer suspeita. Assim a fronteira do casamento que separa clérigos e leigos interpõe-se entre os frades e os leigos — a mulher permanece um ser ambíguo e perigoso.[44]

A criança

Numa época em que se dispensa pouca atenção à criança, Francisco e os Menores se inscrevem numa categoria de

---

[44]Ver G. DUBY, *Le Chevalier, la Femme et le Prêtre. Le mariage dans la France féodale*, Paris, 1981.

SÃO FRANCISCO DE ASSIS

valorização da criança cujos principais representantes foram São Bernardo, cerca de um século antes, e Jacques de Vitry, contemporâneo (e defensor) dos primeiros franciscanos, que distingue uma categoria de *pueri* em seus *Sermones ad status*.

Na lista das categorias de cristãos da *Regula non bullata* (XXIII, 7), as crianças aparecem em duas passagens, primeiro entre as categorias dominadas,[45] em seguida entre a classificação das pessoas por idade: *infantes, adolescentes, iuvenes* e *senes*. Um episódio popular — o da "manjedoura" de Grécio — contribuiu para a difusão do culto do Menino Jesus que desempenhou para a promoção da criança um papel comparável ao culto da Virgem para a promoção da mulher.[46]

A caridade

Não me estenderei sobre esta atitude, que é conhecida. A caridade é fundada no amor. Deus é amor, *Deus est caritas*. No texto *Laudes Dei altissimi* ["Louvores ao Deus altíssimo"] dado a Frei Leão, Deus é definido como amor e "caridade": *"Tu es amor, caritas"*, e alguns manuscritos repetem no fim desses louvores: *"tu es caritas nostra"*, numa enumeração das três virtudes teologais. Na *Regula non bullata* por duas vezes (XVII, 5 e XXII, 26) Francisco se refere à primeira epístola de

---

[45] Algumas versões trazem *conversos* e *parvulos*, outras *pueros parvulos*, o que parece, nos dois casos, referência às crianças e aos oblatos monásticos. Sobre a atenção crescente à criança no século XIII, ver M. ROUCHE, *Histoire générale de l'enseignement et de l'éducation en France*, I: *Des origines à la Renaissance*, Paris, 1981, pp. 408-413.

[46] Ver especialmente I Cel, 84-87. O episódio se passa no Natal de 1223. São Francisco teve uma devoção especial pela festa de Natal na qual se manifestava a *humildade* de Jesus na Encarnação.

João (capítulo 4), que declara que Deus é amor *(Deus charitas est)*, que seu amor para nós é perfeito *(perfecta est charitas Dei nobiscum)* e que quem ama a Deus deve ao mesmo tempo amar seu próximo *(qui diligit Deum, diligat et fratrem suum)*. O amor que Deus tem por nós e que nós devemos ter por ele é também para Francisco o fundamento do amor ao próximo, e ele o declara repetidas vezes.[47] Por exemplo, na *Segunda Epístola a todos os fiéis (Ep. Fid.*, II, 30-31) ele afirma: *"habemus itaque caritatem"* e logo acrescenta *"et faciamus eleemosynas"* ("e porque temos amor devemos dar esmolas"). Todo esse parágrafo, aliás, está mergulhado na *misericordia.*

O que, de fato, interessa mais particularmente a nosso objetivo é que essa proclamação do amor a Deus e ao próximo gera no século XIII instituições e práticas nas quais os Franciscanos (e os outros Mendicantes) se deparam com um movimento mais geral.

Desde o início do século XIII, é possível ver-se "os ricos mercadores italianos pondo-se a fazer altas beneficências".[48] Fundam *case di misericordia*, hospitais.

Ora, em Florença, por exemplo, os primeiros Menores pedem hospedagem à hospedaria de San Gallo, fundada em 1218, enquanto que em 1219 os frades Pregadores (Dominicanos) a pedem à hospedaria de San Pancrazio.

Franciscanos e outros Mendicantes desempenham um grande papel no sentido de pôr em condições e na prática do novo sistema de beneficência: as *obras de misericórdia.* Os Franciscanos se interessam mais particularmente pelos pobres e pelos doentes. Um caso particular é o dos cuidados dispensados aos *leprosos:*

---

[47]Ver C. Esser, *Opuscula, op. cit.*, s.v. *Caritas.*
[48]G.G. Meersseman, *Dossier de l'ordre de la Pénitence au XIII siècle*, Friburgo (Suíça), 1961, p. 11, e miccoli, "La storia religiosa", art. cit., p. 797.

SÃO FRANCISCO DE ASSIS

ao cuidar deles, Francisco e seus companheiros manifestam, como bem observou Giovanni Miccoli, sua vontade de desafiar os valores estabelecidos.[49]

MODELOS LIGADOS À ESTRUTURA DA SOCIEDADE RELIGIOSA

A prelazia

Francisco sempre respeitou o sacerdócio e a hierarquia eclesiástica. No testamento de Sena ele lembra a seus irmãos: "que se mostrem sempre fiéis e submissos aos prelados e a todos os clérigos da santa madre igreja" *(ut semper praelatis et omnibus clericis sancta matris ecclesiae fideles et subjecti existant).*

Permite que prelados entrem na ordem e faz até um elogio da perfeita obediência. Mas se um prelado ordena a um frade alguma coisa *contra animam* [contra a alma], o frade tem o direito de não obedecer, sem por isso afastar-se do superior (portanto sem deixar o convento e talvez a ordem), e os prelados não devem se glorificar de sua prelazia, mas desempenhá-la como se se tratasse de lavar os pés de seus irmãos *(Admonições,* 3 e 4).

Francisco porém recusa para si a prelazia (II Cel, 138, e *Speculum perfectionis*, 43, assim como São Domingos). Via na prelazia "uma ocasião de queda" (II Cel, 145). Ele desconfia do "poder".

---

[49]*Ibid.,* p. 737.

214   JACQUES LE GOFF

Detesta tudo que é "superior", tudo aquilo que se define por partículas de superioridade: *magis- (magnus, magister, magnatus), prae- (praelatus, prior), super- (superior, superbus)*. Os que pretende exaltar são os depreciados pela sociedade: *minores, subditi*. O que ele deseja em sua ordem é a *uniformitas*, a igualdade (II Cel, 191).[50]

Essa tendência corresponde a um amplo movimento contemporâneo concernente à sociedade leiga e à luta contra a *superbia*, pecado dos nobres, pecado feudal por excelência, e, talvez mais ainda, à sociedade eclesiástica na qual a crítica aos prelados — em parte, sem dúvida, devido à influência dos hereges e para tirar deles um argumento contra a Igreja — se torna mais viva do que nunca.[51]

A fraternidade

Francisco não quer ser um monge, uma vez que vai ao meio dos homens e, se a Cúria não lhe tivesse feito uma imposição, teria evitado que seus discípulos formassem uma ordem. Seu ideal de uniformidade, de igualdade, por um lado, e de amor, por outro, leva-o à adoção do termo *irmão* [frade] para ele próprio e seus companheiros — aquilo que virá a ser sua ordem foi concebido por ele como uma *fraternitas*.

Esse termo tem então fortes ressonâncias e conotações. Opõe os Menores (e os outros Mendicantes) aos monges e aos cônegos. Pierre Michaud-Quantin chamou a atenção para o desapareci-

---

[50] Ver aqui "*O vocabulário das categorias sociais...*" (Cap. III, especialmente o subtítulo "A luta pelo nivelamento").

[51] Marie-Claire Gasnault me chama a atenção para o fato de que Jacques de Vitry (bispo e, no fim da vida, cardeal!) nos seus *Sermones ad status* é particularmente severo a respeito dos *praelati* aos quais consagra oito sermões enquanto que nenhum outro *status* teve direito a mais de três.

SÃO FRANCISCO DE ASSIS

mento do termo *congregatio* do vocabulário dos Mendicantes, desaparecimento ligado à supressão dos laços institucionais e permanentes entre o religioso e a casa onde mora, laços que no voto de estabilidade monástica estavam expressos.[52]

Mas a *fraternidade* se opõe também ao *consortium*, palavra vaga, mais ou menos equivalente a *universitas* mas que, no século XIII, evolui de um sentido em que é forte a conotação do aspecto institucional da coletividade para um outro em que se insiste na ligação interna que existe entre seus membros.[53] Os mestres seculares da faculdade de teologia da universidade de Paris formam um *consortium* e essa estrutura que insiste na *função* e nos *interesses comuns* contribui para endurecer o conflito com os mestres das ordens Mendicantes durante o período 1250-1259.

Fraternitas é sobretudo, com sua cognata *confraternitas*, o nome da *confraria*, correspondente religiosa da corporação no contexto do grande movimento associativo próprio da sociedade urbana do século XIII. E é um termo em que se reencontra o espírito da *caritas* no qual amor, fraternidade, beneficência estão intimamente ligados.[54]

Fraternidade é também uma alusão à primeira comunidade cristã de Jerusalém, e a força do sentido está na coexistência de clérigos e leigos nessa comunidade.

É, por fim, um modo de definir a futura ordem como uma *família*, concepção cara a Francisco, e que também se pode exprimir através de outras relações familiais, como, por exemplo e principalmente, as relações mãe-filho, expressas na *Regra para*

---

[52] MICHAUD-QUANTIN, *Universitas, op. cit.*, p. 105.

[53] *Ibid.*, pp. 315-319, sobre *consortium*.

[54] *Ibid.*, pp. 179-192, sobre *fraternitas* e *confraternitas*; pp. 197-200 sobre *caritas*.

os *eremitas*, na qual também são apresentadas essas relações sob a forma de um modelo de fraternidade no feminino, pela referência a Marta e Maria. Essa importância de um código de parentesco para definir primeiro a comunidade, depois a ordem franciscana, mereceria ser examinada mais a fundo num momento em que os medievalistas se interessam cada vez mais pelas relações de parentesco e pelos parentescos artificiais.[55]

MODELOS LIGADOS À CULTURA NO SENTIDO PRÓPRIO

O trabalho intelectual

Quanto à ciência e ao trabalho intelectual, o que predominava em São Francisco era a desconfiança, quando não a hostilidade. Distingo três motivações e três aspectos essenciais nessa desconfiança: a concepção corrente da ciência como tesouro, que contradiz o sentido de privação de Francisco; a necessidade da posse de livros, objetos então caros e como que de luxo, o que vai contra seu desejo de pobreza e de não propriedade; o saber como fonte de orgulho e de dominação, de poder intelectual, que contraria a vocação de humildade.

Os textos são numerosos. Eis, por exemplo, um que trata da renúncia à posse, à propriedade da ciência, renúncia explicitamente exigida para entrada na Ordem: "um bom clérigo de

---

[55] Ver aqui o Capítulo III, "O vocabulário das categorias sociais...", especialmente os subtítulos "A sociedade celeste" e "A sociedade franciscana".

SÃO FRANCISCO DE ASSIS

algum modo deve renunciar até à ciência quando vem para a
Ordem, para que, livre de tal possessão, nu se ofereça aos braços
do Crucifixo" *(magnum clericum etiam scientiae quodam modo
resignare debere, cum veniret ad Ordinem, ut tali expropriatus
possessione, nudum se offeret brachiis Crucifixi)* (II Cel, 192).*

E o célebre texto dos *Fioretti*, 8, no qual Francisco diz a Frei
Leão que a alegria perfeita para um Menor não consiste em saber
todas as línguas e todas as ciências e todas as coisas escritas,
mas em falar a língua dos anjos, saber o curso dos astros e as
virtudes das ervas, conhecer todos os tesouros da terra, todas
as virtudes das aves e dos peixes, de todos os animais e dos
homens, das árvores e das pedras, das raízes e das águas. Por
certo, esse texto é menos um ataque contra a ciência do que
uma evocação à alegria "na cruz da tribulação e da afeição". O
que não muda é que Francisco insistiu particularmente sobre o
perigo do orgulho ligado ao saber, à ciência.

Nesse ponto, ele rema contra a corrente do século, da evolução, de um cristianismo que tem necessidade de ciência para
lutar contra a heresia, para governar a Igreja e, com simplicidade, para satisfazer uma necessidade do espírito, realizar um
humanismo cristão em que a ciência tenha sua parte.

Francisco, porém, faz concessões e se, nas Regras, limita
rigidamente a posse dos livros (*Regula non bullata*, III) e promove a admissão de iletrados na ordem sem a obrigação de
aprender (*Regula bullata*, X, 8), na prática venera os eruditos

---

*Na verdade, o número indicado da citação deve estar errado, porque o mesmo
trecho (com pequena diferença que na verdade nada altera: *quodammodo*, em vez
do *quodam modo*) está citado no Capítulo III, "O vocabulário das categorias sociais
em São Francisco de Assis e seus biógrafos do século XIII", subtítulo "Os isolados
e os insólitos", e lá a indicação é "II Cel, 194, p. 241". Como há até o número da
página, essa indicação do Capítulo III parece ter sido mais cuidadosa. (N. do T.)

218   JACQUES LE GOFF

e os consulta.[56] Em seu *Testamento*, não só quer que sejam colocados num lugar mais digno os manuscritos "contendo as palavras do Senhor" mas deixa prescrito que os irmãos devem honrar e venerar os teólogos "que nos fornecem o espírito e a vida" *(sicut qui ministrant nobis spiritum et vitam)*.

Para dizer a verdade, a Ordem rapidamente vai aderir cada vez mais à ciência, através da ligação com o ensino universitário.[57] Etapas essenciais serão vencidas com a bula *Ordinem vestrum* de Inocêncio IV que praticamente afastará os iletrados da ordem, com a ascensão de João de Parma (1247-1257) ao cargo de geral da Ordem — João de Parma dizia que o edifício da Ordem era constituído por duas paredes, "isto é, os bons costumes e a ciência" *(scilicet moribus bonis et scientia)*, e afirmava que os "irmãos devem elevar a parede da ciência além dos céus e das alturas celestes, de modo a buscar onde porventura esteja Deus" *(parietem scientiae fecerunt fratres ultra coelos et coelestia sublimem, in tantum ut quaererent, an Deus sit)*[58] — e, afinal, com São Boaventura, ministro-geral de 1257 até morrer, em 1274.[59]

Boaventura integrou definitivamente a posse de livros na própria natureza da Ordem: "A regra impõe imperativamente aos irmãos a autoridade e o ofício da pregação, em termos tais que não se encontram, creio, em nenhuma outra regra. Se, entretanto, eles não devem pregar frivolidades mas palavras divinas, não podem conhecê-las se não leem: não podem ler

---

[56]DESBONNETS-VORREUX, *Saint François, op. cit.*, s.v. *Savants*, p. 1548.
[57]Cf. *Le scuole degli Ordini Mendicanti*, Todi (Itália), 1978 [Convegni del Centro di studi sulla spiritualità medievale, 17].
[58]*De adventu frairum minorum in Angliam*, 74.
[59]Cf. P. GRATIEN DE PARIS, *Histoire de la fondation et de l'évolution de l'ordre des frères Mineurs au XIII siècle*, Paris e Gembloux (Bélgica), 1928, pp. 269-275. Sobre ciência e pobreza, ver D. BERG, *Armut und Wissenschaft. Beiträge zur Geschichte des Studienwesens der Bettelorden im 13. Jahrhundert*, Dusseldorf, 1977.

SÃO FRANCISCO DE ASSIS

se não têm livros; portanto está claro que ter livros faz parte da perfeição da regra tanto quanto a pregação" *(Epístola de tribus questionibus)*. Ora, longe de considerar a ciência e o livro como um monopólio dos clérigos, ele tinha a ciência como um instrumentos a serviço do apostolado, recomendava aos frades que escrevessem livros de vulgarização a serviço dos leigos.

Enfim, com um Roger Bacon, um Raimundo Lúlio, não há mais contradição entre uma ciência total e a mais ardente espiritualidade franciscana.

A *palavra*

O progresso dos livros e da escrita na Ordem não serve senão ao enriquecimento da palavra. Nesse ponto os franciscanos permanecem muito próximos da sociedade leiga na qual predomina de maneira esmagadora a oralidade — no centro de uma cultura audiovisual na qual tem sido preciso estudar também a *imagem*, coisa de que sou incapaz.

Essa palavra é, com toda a segurança, essencialmente a da pregação, que, para Francisco, tem como finalidade transmitir as palavras de Jesus Cristo que é a Palavra do Pai e as palavras do Espírito Santo que são Espírito e Vida (Carta 1 *A todos os fiéis*). Na Carta 2 *A todos os clérigos*, Francisco chega mesmo a situar as palavras de Jesus no mesmo plano que seu corpo e seu sangue. Há portanto uma teologia franciscana da palavra.

Os fins que Honório III, na bula *Solet annuere* de 29 de setembro de 1223, pela qual aprova a regra dos Menores, determina para a pregação franciscana são mais modestos: "Na pregação que façam, sejam seus discursos castos e ponderados, para proveito e edificação do povo, anunciando-lhes vícios e virtudes, pena e glória, com a brevidade de um sermão, porque o senhor praticou sobre a terra uma palavra breve" *(In praedicatione quam faciunt sint casta et examinata eorum eloquia, ad utilitatem et aedificationem populi, annuntiando eis vitia et virtutes, poenam et gloriam, cum brevitate sermonis, quia verbum abbreviatum fecit Dominus super terram).*[60]

Essa recomendação quanto à brevidade na pregação talvez se inspirasse no desejo de impedir que Francisco e os irmãos cedessem à tentação de sermões caudalosos. Mas o papa não pensava basicamente em sermão na igreja, na missa, ocasião em que a brevidade, com efeito, parece, era apreciada pelos ouvintes,[61] pois os Franciscanos gostavam da pregação ao ar livre que se dirigia a multidões e que podia durar muito tempo.

Os Menores sabem usar certas formas novas da palavra[62] que instituem novos tipos de relação — menos distante, menos hierarquizada em relação ao passado.

Segundo Tommaso da Spalato que o ouviu em Bolonha no dia 15 de agosto de 1222, "seus discursos não atingiam o grande gênero da eloquência sagrada: eram antes arengas",[63] e a *Vida dos três companheiros* insiste também no fato de que Francisco falava mais a linguagem da sinceridade do que a da retórica.[64]

---

[60]Sobre os fundamentos do direito à pregação dos Mendicantes, ver M. PEUCHMAURD, "Mission canonique et prédication", *Recherches de théologie ancienne et médiévale*, 19 (1962), pp. 122-144 e 251-276, e P.-M. GY, "Le statut ecclésiologique de l'apostolat des Prêcheurs et des Mineurs avant la querelle des Mendiants", *Revue des sciences philosophiques et théologiques*, 59 (1975), pp. 79-88.

[61]Cf. A. LECOY DE LA MARCHE, *La Chaire française, op. cit.*, pp. 209-215.

[62]J. LE GOFF et J.-CL. SCHMITT, "Au XIII siècle, une parole nouvelle", em J. DELUMEAU (ed.), *Histoire vécue du peuple chrétien*, I, Toulouse, 1979, pp. 257-280.

[63]LEMMENS, *Testimonia minora*, ed. citada, p. 10; DESBONNET-VORREUX, *Saint François, op. cit.*, p. 1435.

[64]*Legenda trium sociorum*, XIII, 54, ed. Th. DESBONNET, em *Archivum franciscanum historicum*, 67 (1974), p. 129.

SÃO FRANCISCO DE ASSIS

Sabe-se que os Franciscanos, como os outros Mendicantes, amplamente utilizaram *exempla* em seus sermões, e estiveram entre os primeiros autores de seletas de *exempla*. Essas historinhas moralizantes convinham à natureza de sua pregação, introduzindo precisamente aquela atmosfera de vida cotidiana e aquele ar de verdade vivida, de testemunho direto, que correspondia a seu estilo e ao gênero literário do *exemplum*.[65]

É preciso, finalmente, observar o uso da palavra em dois casos particulares referentes a fenômenos importantes do século XIII: a cruzada e a luta anti-herética.

Nos dois casos, Francisco tinha desejado que a luta se fizesse pela palavra e pelo exemplo e levasse à conversão dos infiéis e dos hereges. No caso da cruzada, Davide Bigalli mostrou como Roger Bacon, baseando-se em Aristóteles, definiu a palavra, o *verbum*, como um poder, uma *potestas*. O *sermo potens* ("discurso poderoso", quer dizer, "o poder do verbo") é, diferentemente do poder, enraizado na verdade da fé. Assim, reconhecendo a inspiração de São Francisco, Roger Bacon punha a palavra no centro da "universal *christificatio*" e dava novas funções à cruzada em uma teologia da palavra e da cruz de Cristo.[66]

---

[65]Ver por exemplo *La Tabula Exemplorum secundum ordinem alphabeti*, obra de um franciscano na França no fim do século XIII, edição de J.-Th. Welter, reimpressão, Genebra, 1973. Cf. Cl. Bremond, J. Le Goff, J.-Cl. Schmitt, *L'Exemplum*, Fascículo 40 da "Typologie des Sources du Moyen Âge occidental", Turnhout (Bélgica), 1982.

[66]D. Bigalli, "Giudizio escatologico e tecnica di missione nei pensatori francescani: Ruggero Bacone", em *Espansioni del francescanesimo tra Occidente e Oriente nel secolo XIII* (Atti del VI Convegno internazionali, Assisi, 1978), Asis, 1979, p. 186. Quanto às atitudes a respeito da cruzada no século XIII, ver F. Cardini, "La crociata del Duecento, l' 'avatara' di un ideale", *Archivio storico italiano*, 135 (1977), pp. 101-139.

222 JACQUES LE GOFF

No caso da heresia, é o deslizar da *persuasio* à *coercitio*.[67] É a perversão da palavra, seguida da renúncia à palavra de persuasão, que, como bem considerou Raoul Manselli, levará, com a aceitação pelos Menores da luta anti-herética na Itália (1254), ao fim da história da *fraternitas* de São Francisco.

A língua vulgar

A pregação era desde muito tempo dirigida aos leigos em língua vulgar. Sucede que o impacto dos Mendicantes e, em particular, dos Franciscanos, sobre a promoção das línguas vulgares foi importante. Na verdade, eles surgem e transformam uma grande parte da sociedade cristã ocidental nesse século XIII que constata a afirmação das línguas vulgares na literatura e nas chancelarias, quando o movimento de tradução do latim para as línguas vernáculas conhece um grande avanço.[68]

Abordarei apenas alguns pontos de repercussão particularmente intensa.

Sabe-se da importância de São Francisco com o *Cantico di Frate Sole* e de Jacopone da Todi com suas *Laude* para a história da poesia italiana. As comunidades leigas de *laudesi* [cantores de loas] desenvolviam e popularizavam essa forma de poesia cantada. Já se disse que os frades Mendicantes e, em particular,

---

[67]R. Manselli, "De la 'persuasio' à la 'coercitio'", em *Le Credo, la Morale et l'Inquisition* (Cahiers de Fanjeaux, 6), Toulouse, 1971, pp. 175-198. Sobre os Menores e a Inquisição na Itália do século XIII, M. D'Alatri, *L'inquisizione francescana nell' Italia centrale nel sec. XIII*, Roma, 1954, e L. Paolini, "Gli ordini mendicanti e l' Inquisizione: il 'comportamento' degli eretici e il giudizio sui frati", em *Les Ordres mendiants et la ville en Italie centrale, op. cit.*, pp. 695-709. [68]Cf. C. Delcorno, "Predicazione volgare e volgarizzamenti", em *Les Ordres Mendiants et la ville, op. cit.*, pp. 679-689.

SÃO FRANCISCO DE ASSIS

os Franciscanos, com seus feitos e gestos, contribuíram para o desenvolvimento do teatro, sua independência em relação à liturgia.[69] Lembro que São Francisco cantava em francês os louvores a Deus e gostava de cantar em francês quando sua alma transbordava de alegria.

É preciso realçar e estudar a gestualidade teatral franciscana tal como a evoca Tomás de Celano a propósito de São Francisco que organiza verdadeiras encenações (a pregação na praça de Assis com a entrada na cripta da catedral e a volta sem a túnica longa, a corda jogada ao lado; o sermão em Grécio, quando chamam a atenção os gestos da pregação; o sermão diante de Honório III, quando Francisco "de alguma forma dançava, não como um saltimbanco, mas como um homem inflamado pelo amor de Deus"). Ou ainda o recurso a verdadeiras tiradas teatrais, como quando da pregação de Frei Gerardo na Piazza del Comune de Parma: Salimbene conta que o pregador interrompeu sua fala bruscamente para esconder o rosto no capuz.

Raimundo Lúlio foi considerado o criador do catalão.

Mas não houve fanatismo no emprego da língua vulgar como meio de comunicação entre os frades Menores. Segundo Thomas d'Eccleston por exemplo, Peter de Tewksbury, ministro da província franciscana da Inglaterra, mandou buscar seis ou sete clérigos estrangeiros "que, com efeito, embora não conhecessem o inglês, pregaram pelo exemplo" *(qui scilicet, quamvis nescirent Anglicum, exemplo praedicarent)*.[70]

---

[69] F. DEMARCHI, "Una prospettiva sociologica dell'evoluzione della liturgia medioevale in teatro religioso", em *Dimensioni drammatiche della liturgia medioevale*, Atti del I Convegno di Studio del Centro di Studi sul teatro medioevale e rinascimentale (Viterbo, Itália, 1976), Roma, 1977, p. 303.

[70] *De adventu*, 91-92.

O cálculo

Alexander Murray chamou a atenção para o surgimento de uma "mentalidade aritmética" no século XIII. Entre os exemplos que cita está o ambiente em que vivia Salimbene. Salimbene, observa ele, é um homem familiarizado com os números. Anota ano, mês, dia. Dá nove listas de preços de gêneros alimentícios. Cita números para as batalhas, as despesas, as distâncias. Procura o número exato. Depois da derrota marítima dos homens de Pisa contra os genoveses, em 1284, ele se pergunta: quantos mortos e quantos feridos? Mas não confia nos números anunciados pelo arcebispo de Pisa. "Decidi", escreve ele, "esperar que os Menores de Gênova e de Pisa me forneçam um número mais confiável." Dessa maneira se evoca o gosto dos Franciscanos pela precisão das cifras. Alexander Murray conclui: "Salimbene e seus confrades eram pioneiros." Pioneiros do cálculo.[71]

MODELOS DE COMPORTAMENTO E DE SENSIBILIDADE

A cortesia

Ao lado dos modelos religiosos e, em particular, do modelo monástico e do modelo da santidade, existiram no Ocidente cristão medieval modelos culturais leigos, modelos "aris-

---

[71]A. Murray, *Reason and Society in the Middle Ages*, Oxford, 1978, p. 182.

SÃO FRANCISCO DE ASSIS

tocráticos", pelos quais Georges Duby se interessou particularmente.[72]

No fim do século XII, o meio leigo aristocrático e cavaleiroso produziu o primeiro código de valores leigos sistemático: a cortesia.

Esse código seduziu Francisco na juventude. Sem dúvida, ele lhe foi transmitido com sua cultura francesa. E o eco da fascinação que então exerciam sobre ele a vida e a cultura cavaleirosas é perceptível através de seus biógrafos.

O mais impressionante é que esse gosto, esse estilo subsistem ao menos parcialmente depois de sua conversão. Seu amor pela pobreza se exprime através do simbolismo e do vocabulário do amor cortês. É "Senhora Pobreza". Francisco mantém sua grandeza de alma, sua *magnanimitas* (I Cel, 4, 13; I Cel, 13, 11; II Cel, 3, 14) e ele permanece muito cortês, *curialissimus* (I Cel, 17, 15; II Cel, 3).[73]

Mas ele põe seu ideal de cavalaria a serviço de Cristo e da Igreja.

O sonho do palácio das armas (I Cel, 5; II Cel, 5, 6; *Leg. Min.*, 1, 3) marca sem dúvida sua renúncia à vida cavaleirosa, mas revela a profundeza desse modo de sentir e de se exprimir.

Parece-me que Giovanni Miccoli minimizou o alcance dos textos nos quais se vê Francisco gritar para um grupo de salteadores: "Eu sou o arauto do grande rei" (I Cel, 16), ou declarar: "Eis meus cavaleiros da Távola Redonda, os irmãos que se escondem nos lugares desertos e afastados para se entregarem à prece e à meditação" (*Leg. Per.*, 71), ou ainda responder a um

---

[72]G. Duby, "La vulgarisation des modèles culturels dans la société féodale", em *Niveaux de culture et groupes sociaux*, Paris e Haia, 1967, reeditado em *Hommes et sctructures au Moyen Âge*, Paris e Haia, 1973, pp. 299-309.
[73]Desbonnets-Vorreux, *Saint François, op. cit.*, s.v. *Courtoisie*, p. 1530.

noviço que pede um saltério: "Carlos, o imperador, Rolando e Oliveiros, todos paladinos e piedosos guerreiros que foram poderosos no combate, perseguiram os infiéis até a morte não poupando suores e fadigas e obtiveram sobre eles uma vitória memorável; e, para encerrar, esses santos mártires morreram combatendo pela fé do Cristo. Agora vê-se perfeitamente que para atribuir honra e glória a si contentavam-se em cantar suas proezas" (*Leg. Per.*, 72). Para Miccoli, essas frases nada representam de substancial na experiência religiosa de Francisco.[74] Mas, acrescenta ele com grande perspicácia, essas expressões mostram a capacidade de Francisco "de se manifestar e de se exprimir na linguagem corrente por imagens e referências conhecidas de todos, fora dos canais e das meditações tradicionais e edificantes da literatura religiosa".[75]

Há perfeitamente aí, na verdade, uma linguagem que aproxima Francisco dos leigos. Mas acredito que o vocabulário cortês de Francisco não é apenas um meio de participar das modas culturais de seus contemporâneos leigos. Essa linguagem exprime uma interiorização do heroísmo guerreiro que caracteriza a religiosidade de seu tempo. O santo da alta Idade Média era o *atleta* de Deus, o santo do século XIII é o *cavaleiro* de Deus. Nessa como em outras atitudes culturais, Francisco e os Mendicantes aparecem como continuadores de São Bernardo e dos cistercienses.

Essa sensibilidade cortês, essa atitude cavaleirosa, especialmente em face da pobreza, persistirá entre os Menores. Jacopone da Todi dirá na *Lauda* 59: "Por amor da pobreza,

---

[74] MICCOLI, "La storia religiosa", art. citado, pp. 735-736. Ver, no sentido contrário, F. CARDINI, "San Francesco e il sogno delle armi", *Studi Francescani*, 77 (1980), pp. 15-28.
[75] MICCOLI, "La storia religiosa", art. citado, p. 736.

SÃO FRANCISCO DE ASSIS

teu poder senhorial é grande" *(Povertate ennamorata, grann'
è la tua segnoria).*[76]

A beleza

Mais ainda do que para a mulher, a beleza tem para Francisco e os Franciscanos uma face dupla. Por um lado, é a mais alta expressão da criação divina. Uma tese antiga e contestada, a de Thode, que faz do franciscanismo o pai do Renascimento e do sentido da beleza, foi retomada mais recentemente por Raffaello Morghen, que vê também na arte dos Menores (arquitetura com nave única, ciclos de afrescos) uma arte da doçura de viver. Morghen retoma uma frase de Luigi Salvatorelli em que se assinalam a novidade e a sensibilidade estética de São Francisco: "O amor de São Francisco por toda a criação representa uma coisa verdadeiramente nova, radicalmente nova. E a sensação da presença divina em todas as coisas é a percepção precisa, entusiasta, da beleza dada ao amor de Deus."[77]

Ainda aqui, é preciso situar essa sensibilidade em seu fundamento divino, teológico.

O Senhor é beleza, como Francisco disse nas *Laudes Dei altissimi* dadas a Frei Leão: *"Tu es pulchritudo"* (repetido). E o sol no cântico do irmão Sol é o símbolo dessa beleza: *"Et ellu è bellu"* ("E ele é belo").

---

[76]Edição F. AGENO, Florença, 1953, p. 233.
[77]SALVATORELLI, "Movimento francescano e gioachimismo", p. 425, citado por R. MORGHEN, *Civiltà medioevale al tramonto*, V: *San Francesco e la tradizione francescana nella civiltà dell' Europa cristiana*, Bari (Itália), 1971, p. 66. Cf. R. MORGHEN, "Francescanesimo e Rinascimento", em *Iacopone e il suo tempo*, Todi (Itália), 1959, pp. 30-35.

Francisco compara-se a si próprio, já o vimos, a uma bela mulher (*mulier formosa*) cujos filhos são belíssimos (*filii venustissimi*) (II Cel, 16, 10).

Mas a beleza enfraquece a vontade: "O encanto do lugar que pode [agir] para corromper não pouco o vigor da alma" (*loci amoenitas quae ad corrumpendum animi vigorem non mediocriter potest*) (I Cel, 35, 71), e a conversão de Francisco o afasta da contemplação da beleza: "mas a beleza dos campos, o encanto das vinhas e tudo aquilo que é belo para o olhar, em nada pôde deleitá-lo" (*sed pulchritudo agrorum, vinearum amoenitas et quidquid visu pulchrum est, in nullo potuit eum delectare*) (I Cel, 3, 12).

É bem a atitude do século XIII, que descobre, seduzido mas hesitante, o sentido da beleza e, em particular, a beleza do mundo.

A alegria

O prazer do mundo se manifesta ainda mais claramente no comportamento alegre. Nisso, ainda, há aproximação entre religiosos e leigos, enquanto que o modelo monástico fazia do monge um especialista em lágrimas (*is qui luget,* ["ele que chora"]). Ao contrário, abundam textos que mostram Francisco *hilaris, hilari vultu* ["alegre, com o rosto alegre"].[78]

Em sua narrativa sobre os primeiros Menores na Inglaterra, Thomas d'Eccleston multiplica o testemunho sobre a alacridade dos frades que às vezes parece até forçada ou excessiva.

---

[78]Desbonnets-Vorreux, *Saint François, op. cit.*, s.v. *Joie*, pp. 1514-1537.

SÃO FRANCISCO DE ASSIS

Quando os frades se instalam na cidade inglesa de Cantuária, numa casa em que à noite, de regresso, acendiam o fogo, sentavam-se em torno dele, cozinhavam uma beberagem (*potus*) numa panela e a bebiam em círculo. Às vezes a bebida era tão grossa que nela precisavam jogar água, e depois a bebiam alegremente (*et sic cum gaudio biberent*). Da mesma forma em Sarum os frades bebiam diante do fogo na cozinha uma imunda borra (*faeces*) com tanto prazer e alegria (*cum tanta jucundidate et laetitia*) que se divertiam em roubar uns dos outros a bebida amigavelmente.[79]

Em Oxford, os jovens frades adquirem de tal modo o hábito de serem entre si *jucundi et laeti* ("jucundos e alegres") que, olhando-se mutuamente, têm dificuldade para conter o riso (*ut vix in aspectu mutuo se temperarent a risu*). Essas crises de riso bobo acabam por provocar chibatadas, que entretanto não dão resultado. Só um milagre para acabar com a epidemia de riso.[80]

Quanto a Peter Tewksbury, disse ele a um frade: "Três coisas são necessárias para a salvação temporal, o alimento, o sono e o jogo. Assim, receitou a um frade melancólico que bebesse um cálice cheio de um ótimo vinho como penitência, e como ele o bebesse, ainda que o tivesse feito contrariadíssimo, disse-lhe: Irmão caríssimo, se fizeres frequentemente uma tal penitência, terás sempre melhor consciência."[81]

A palavra de ordem de Francisco é *paupertas cum laetitia* (*Admonições*, XXVII, 3): pobreza com alegria.

---

[79] *De adventu*, 7.

[80] *Ibid.*, 26.

[81] "*Tria sunt necessaria ad salutem temporalem, cibus, somnus et iocus. Item iniunxit cuidam fratri melancholico ut biberet calicem plenum optimo vino pro poenitentia, et cum ebibisset, licet invitissime, dixit ei: Frater carissime, si haberes frequenter talem poenitentiam, haberes utique meliorem conscientiam*" (*Ibid.*, 92).

De fato, a fonte dessa alegria é também de ordem divina. É uma experiência transcendente, um sinal da graça, efeito do Espírito Santo, nasce da descoberta do Evangelho e da pobreza. O demônio nada pode contra ela (II Cel, 88).

Afinal, ela se combina com o ascetismo e a experiência da dor, para se consumir no amor. Boaventura o diz em *De triplici via* ["Sobre o caminho tríplice"]: "Começa esse caminho como um aguilhão da consciência e se acaba como um sentimento de alegria espiritual, e se exercita na dor, mas se consuma no amor" *(incipit via ista a stimulo conscientiae et terminatur ad affectum spiritualis laetitiae, et exercetur in dolore, sed consummatur in amore).*

A morte

Essa espiritualidade alegre não impede os Franciscanos de integrarem em sua prática cotidiana o pensamento da morte, que também assume novas formas individuais (importância do julgamento individual e do purgatório) e coletivas (atividade funerária dos confrades) no século XIII.

Esses traços são encontrados na espiritualidade franciscana da morte, que, por sua vez, influencia a dos leigos.

Há em primeiro lugar a devoção ao Cristo *morto*, à Paixão, na qual se enraíza o episódio dos estigmas de São Francisco. Também há a acolhida aos leigos mortos nos conventos e nas igrejas da ordem. O papado só autorizaria essa prática para os Franciscanos em 1250, embora a tivesse outorgado aos Dominicanos desde 1227.

Por fim — no *Cântico do irmão Sol* —, há "nossa irmã a morte corporal", que não deve ser temida porque só a "segunda morte" (*Cant. Sol.*, 13), a danação, é terrível.

SÃO FRANCISCO DE ASSIS

MODELOS ÉTICO-RELIGIOSOS PROPRIAMENTE DITOS

São os mais conhecidos e, apesar de sua importância, não me demorarei neles.

A penitência

O século XIII é um século de penitentes[82] e o movimento franciscano é um movimento de penitência fortemente inserido na sociedade de seu tempo.[83]

Segundo a *Legenda trium sociorum* (33), Francisco teria sido um pioneiro nesse domínio: "O caminho da penitência era então totalmente desconhecido e considerado uma loucura." No *Testamento*, Francisco apresenta sua conversão como uma conversão à penitência: "O Senhor, assim, concedeu a mim, irmão Francisco, que começasse a fazer penitência" *(Dominus ita dedit mihi fratri Francisco incipere faciendi poenitentiam)* (1).

Francisco e seus irmãos adaptam o caminho penitencial aos leigos levando em conta, como se viu, aquilo que aparece como o grande obstáculo para os leigos no caminho da penitência, o casamento. Porque os leigos lhes pedem: "Temos uma mulher que não podemos deixar. Ensinai-nos que caminho de salvação devemos tomar."

---

[82]Cf. I. Magli, *Gli uomini della penitenza*, Milão, 1977, que faz de Francisco a justo título *un uomo della penitenza* e propõe a interessante expressão *una cultura penitenziale*. Do mesmo modo, Giovanni Miccoli descreve os franciscanos como um *gruppo di penitenti* ("La storia religiosa", art. citado, p. 734).

[83]Ver *Il movimento francescano della penitenza nella società medioevale* (ed. M. D'Alatri, Secondo Convegno di studi francescani, Pádua, 1979), Roma, 1980.

232 JACQUES LE GOFF

A penitência deve passar pela confissão. E os Menores, como os Pregadores, são favoráveis à prática da confissão anual determinada pelo cânon *Omnis utriusque sexus* do concílio de Latrão IV (1215). Redigem manuais para confessores, tornam-se especialistas na teoria e na prática da confissão.

A busca da intenção, a prática da confissão auricular levam a privilegiar o *reconhecimento* (dos pecados). O século XIII é o século do advento do reconhecimento sob suas formas liberatórias e suas formas inquisitoriais (tortura). "Feliz daquele que se confessa humildemente", diz Francisco *(Beatus... qui humiliter confitetur, Admonições*, XXII).

A pobreza

Dos dois problemas que esclarecem a pobreza franciscana, um foi tratado: "A pobreza franciscana, continuidade ou descontinuidade em relação às concepções e práticas anteriores?".[84] O outro só foi objeto de trabalhos de abordagem: "Que relações a pobreza voluntária dos franciscanos manteve com os pobres involuntários do século XIII e que sentido dar à expressão *sicut alii pauperes* ["assim como os outros pobres"] *(Regula non bullata*, II, 7-8)?"[85] É essencial, tanto de um ponto de vista histórico quanto teórico.

---

[84]*La povertà del secolo XII e Francesco d'Assisi* (Atti del II Convegno internazionale della Società internazionale di studi francescani, Assis, 1974), Assis, 1975.
[85]Tomar-se-ão como referência os trabalhos de Michel Mollat e de seus alunos.

SÃO FRANCISCO DE ASSIS

A humildade[86]

Seu modelo é evidentemente a humildade de Jesus. É a irmã da pobreza.

Sua encarnação especificamente franciscana (e, num grau menor, dominicana, ou própria das outras ordens do século XIII ditas "mendicantes"), a mendicância, cria um grande problema histórico. A mendicância não está na tradição do monaquismo ocidental e foi explicitamente vetada aos clérigos. Só surgiu marginalmente entre os pregadores itinerantes por volta dos séculos XI e XII, e a regra de Grandmont* a acolheu como "exercício de ascese e de humildade".[87] Aqui, ainda, é preciso situá-la na história de uma personagem da longa duração: o mendicante.

Para os aspectos sociopolíticos: proibição de cargos civis aos frades, desconfiança a respeito dos prelados, ideal de igualdade, ideologia da inferioridade (*menores*), remeto ao que disse pouco

---

[86]Ver P. WILLIBRORD, *Le Message spirituel de saint François d'Assise dans ses écrits*, Blois, 1960, s.v. *Humilité*, pp. 238-240.

*Ramo beneditino reformado, de eremitas, fundado por Santo Estêvão de Muret mais ou menos em 1074, na montanha de Muret, perto de Limoges, França. Depois da morte de Santo Estêvão, em 1124, o eremitério, já então transformado em abadia, mudou-se para o *deserto de Grandmont*, ou Grammont, a duas léguas de distância, na região de Haute-Vienne. Austeros, os Bons Homens (*Bons Hommes*), como eram chamados, conseguiram apoio para o desenvolvimento da ordem, ampliando-a enormemente, até seu apogeu, em 1140. Os irmãos conversos, que constituíam boa parte da ordem, desencadearam uma revolta, por volta do fim do século XII, início do século XIII. No ano de 1314 o papa João XXII reduziu o número de casas gramontinas, que chegavam a 149, para 39. No século XVI a ordem passou ao regime eclesiástico de comenda, o que significa que perdeu a sua autonomia (tanto quanto possa ser considerada autônoma alguma associação que dependa da Santa Sé). Tentou-se no século XVII uma reforma da ordem, afinal fracassada. A Comissão diretora dos próprios monges formada em 1770, acabou definitivamente com a ordem, em 1787. (*N. do T.*)

[87]Excelentes observações em MICCOLI, "La storia religiosa", art. citado, p. 757.

234 JACQUES LE GOFF

atrás sobre os modelos ligados à estrutura da sociedade global (ou civil) ou religiosa.[88]

A pureza e o corpo

Em seu amor pelo conjunto da criação, Francisco abre uma exceção: o corpo. É precio odiá-lo (Carta 1, *A todos os fiéis*). A carne é uma parede divisória a nos separar de Deus (I Cel, 15). Seguramente, por desprezível que seja, o corpo (*Regula non bullata*, XXIII, 23-24) é um dom de Deus e, para Deus, é preciso amá-lo. Francisco diz mesmo (*Admonições*, V) que Deus criou o homem à imagem de seu Filho muito amado em seu corpo, enquanto criou essa imagem à sua própria semelhança em sua alma (o que remete à Paixão de Cristo e a sua imitação como finalidade do corpo). Sem dúvida, o assunto está em "Irmão corpo", no *Cântico do irmão Sol*, e Tomás de Celano se refere a uma conversa de Francisco sobre o cuidado a tomar com o corpo (II Cel, 160). Mas o corpo é a fonte do pecado (*Regula non bullata*, XXII, 5), é preciso, portanto, desprezar e odiar seu corpo.[89]

Entretanto, mais do que a oposição luxúria/castidade, a verdadeira oposição franciscana é carne/pureza, que vai além do corpo, engloba o coração e o espírito. Observo, a propósito da luxúria, que o septenário dos pecados capitais, parece-me, tem um débil lugar em São Francisco e talvez no franciscanis-

---

[88]E. LONGPRÉ, no artigo *Frères Mineurs*, do *Dictionnaire de spiritualité*, V (1964), p. 1290, deu a lista de todas as passagens dos escritos de São Francisco e de seus biógrafos em que está expressa a ideia segundo a qual a humildade, a pobreza interior, implica a desaprovação de qualquer função (qualquer poder).

[89]Jacopone da Todi tem a mesma atitude. Arsenio Frugoni dele escreveu: "Jacopone odeia o corpo com todas as suas forças" (Convegno di storia della spiritualità medievale, Todi, Itália, 1959, p. 86).

SÃO FRANCISCO DE ASSIS

mo do século XIII. De modo geral, a ação de Francisco (e dos Franciscanos) se realiza frequentemente pelo deslocamento dos valores e das práticas.

A pureza é vizinha da simplicidade. É uma qualidade de Deus, o único a possuí-la inteiramente. Pode-se distinguir uma pureza dos sentidos, uma pureza do coração e uma pureza do espírito. Na espiritualidade simbólica dos quatro elementos do *Cântico do irmão Sol*, é a água, *nossa irmã a água*, que encarna a pureza. Dela se diz que é casta e também humilde. A pureza pertence a essa grande nebulosa de valores franciscanos dos quais a humildade é o centro de gravidade.

No capítulo V do *De adventu fratrum minorum in Angliam*, Thomas d'Eccleston trata "da pureza primitiva dos irmãos" *(de primitiva puritate fratrum)*. Essa pureza, que se definia também como *simplicitas*, carcaterizava-se sobretudo pela *castitas* (as poluções noturnas davam lugar a uma confissão pública) e pela *laetitia*, a *hilaritas*, a alegria de que já falei.

Quanto às atitudes a respeito do corpo, o franciscanismo primitivo se afasta daquilo que parece ser a evolução das atitudes gerais em relação ao corpo, à carne, que, longe de ser um lugar de pobreza como o queria Francisco, tinha antes tendência a aparecer como um lugar de gozo — como o testemunham a difusão dos *nus* estéticos na arte (escultura) e os progressos da gastronomia. No domínio do ascetismo alimentar, Francisco, que disso não encontra traço no Evangelho, defendia uma posição moderada. É lembrar-se da historinha de Giordano di Giano: Francisco come carne com Pietro Cattani, quando chega um frade com as novas constituições da Ordem que proíbem comer carne. Reação de São Francisco: "Comemos, como ensina o Evangelho, aquilo que põem diante de nós..." *(Mangiamo, come insegna il Vangelo, ciò che ci viene messo davanti...)*

A oração

Não conheço estudos precisos sobre a prática da oração no franciscanismo primitivo e suas relações com a prática contemporânea entre os clérigos e os leigos.[90] Pode-se discutir a questão do equilíbrio entre as formas muito interiorizadas de oração e a prática (entre os Menores também) de uma recitação quase automática, quase mágica, em particular quanto à *Ave* e ao *Pater*.

A santidade

André Vauchez mostrou de modo luminoso a parte importante desempenhada pelos Mendicantes e, especialmente, pelos Franciscanos na evolução da concepção da santidade com o estabelecimento de um modelo "evangélico" (fim do século XII-fim do século XIII), fundado sobre o ascetismo, a pobreza e o zelo pastoral.[91]

Para os Franciscanos, os milagres não constituem a santidade, mas sua manifestação. O início da *Legenda trium sociorum* é característico quanto a esse ponto: "Não ficando satisfeitos de narrar só os milagres, que não fazem a santidade mas a manifestam, porém ávidos de mostrar, sim, os sinais de sua santa intimidade e a intenção de seu piedoso beneplácito, para louvor

---

[90]Achar-se-ão indicações em *La Prière au Moyen Âge (Littérature et civilisation)*, *Senefiance*, 10, Aix-en-Provence e Paris, 1981.

[91]A. Vauchez, *La Sainteté en Occident aux derniers siècles du Moyen Âge d'après les procès de canonisation et les documents hagiographiques*, Roma, 1981, especialmente "Les ordres mendiants et la sainteté locale", pp. 243-255, et "La sainteté des ordres mendiants", pp. 388-409.

SÃO FRANCISCO DE ASSIS   237

e glória do Deus altíssimo e pai dito santíssimo, e edificação dos que pretendem imitar seus traços".[92]

A vida, as virtudes são o essencial.

A sedução, em vida e depois da morte, de São Francisco contribuiu muito para impor um modelo de santidade em que a imitação cristológica tem grande parte e em que predominam a humildade, a pobreza, a simplicidade. Mas, como se verá mais adiante, a devoção popular quanto aos santos franciscanos manteria formas tradicionais, tendo deles uma visão de taumaturgos e se preocupando principalmente com relíquias.

MODELOS TRADICIONAIS DO SAGRADO

O sonho e a visão

Os textos medievais estão cheios de sonhos e de visões. Mas a história dos sonhos e de sua interpretação na Idade Média é mal conhecida. Parece que o século XIII tenha sido um século de difusão e de democratização dos sonhos, enquanto que, antes, tinham peso os sonhos dos grandes (continuação do tema antigo do *sonho real*) e os sonhos dos santos, mais especialmente submetidos a tentações oníricas diabólicas ou beneficiários de visões divinas particulares.[93]

---

[92]"*Non contenti narrare solum miracula, quae sanctitatem non faciunt sed ostendunt, sed etiam sanctae conversationis eius insignia et pii beneplaciti voluntatem ostendere cupientes, ad laudem et gloriam summi Dei et dicti patris sanctissimi, atque aedificationem volentium eius vestigia imitari*" (*Legenda trium sociorum*, ed. DESBONNETS-VORREUX, *Saint François d'Assise, op.* cit., p. 89).

[93]Ver. J. LE GOFF, "Les rêves dans la culture et la psychologie collective de l'Occident médieval", *Scolies*, I (1971), pp. 123-130, republicado em *Pour un autre Moyen Âge*, pp. 299-306.

238   JACQUES LE GOFF

Um estudo consagrado aos sonhos de São Francisco conclui que ele teria sonhado menos do que os outros santos.[94]
É possível distinguir pelo menos três conjuntos de sonhos
significativos:

1) Os sonhos e visões ligados à conversão de São Francisco
contados por Tomás de Celano, por Boaventura e pela *Vida dos
três companheiros.*[95]

São sonhos ou visões do próprio São Francisco (entre os
quais o famoso sonho das armas),[96] do bispo de Assis e do papa
Inocêncio III. Estes últimos são mais tradicionais;

2) as visões (há dezoito delas) contadas por Thomas
d'Eccleston em seu *De adventu fratrum minorum in Angliam*;

3) as visões de Frei Gil,* na linha dos *Fioretti*. Basta esta
enumeração para mostrar que o sonho/visão foi um dos processos favoritos de exposição no meio franciscano. Representa
também uma vivência que mereceria ser estudada de perto.

Milagre, bruxaria, exorcismo

Se o milagre não faz a santidade, segundo os primeiros
Menores, os milagres franciscanos, os de São Francisco e de
Santo Antônio de Pádua, conhecem uma grande popularidade,

---

[94]G. Zen e G. Sauro, *I sogni di san Francesco d'Assisi*, Asolo (Itália), 1975.
[95]Ver Desbonnets-Vorreux, *Saint François, op. cit.*, s.v. *Vision*, 1551 (longa lista).
[96]Ver F. Cardini, "San Francesco e il sogno...", citado *retro*, nota 1, p. [197].
*Ver nota no item "O trabalho", subtítulo "Modelos ligados à evolução da econo-
mia", neste mesmo capítulo. A repetição da forma "Gil" aqui mostra que o Autor
usou em um de seus trabalhos, que veio a constituir o Capítulo II deste livro, a
forma "Frei Egídio" (*"frère Égide"*) e em outro, que veio a ser este capítulo, pre-
feriu a forma "Frei Gil" (*"frère Gilles"*), referindo-se à mesma pessoa. (*N. do T.*)

SÃO FRANCISCO DE ASSIS

quer manifestem uma volta aos milagres cristológicos, quer exprimam a persistência, se não a exacerbação, das atitudes tradicionais das multidões medievais a respeito do milagre.

Todos os biógrafos de São Francisco tratam de seus milagres e, segundo a tradição, Tomás de Celano compôs à parte um *Tratado dos Milagres* do santo.

A Vida de Santo Antônio de Pádua narra a explosão dos milagres depois de sua morte e o afluxo de estrangeiros visitando seu túmulo: "Lá os olhos dos cegos se abrem, os ouvidos dos surdos se abrem, o coxo põe-se a pular como um cervo, a língua dos mudos rapidamente se destrava para clamar louvores a Deus. Os membros paralisados reencontram suas capacidades anteriores, a corcunda, a gota, a febre e as diversas epidemias são postas em fuga [...], acorrem os venezianos, apressam-se os trevisanos, apresentam-se os vicentinos [da cidade de Vicenza], os lombardos, os eslavos, os aquileus [da cidade de Aquilea, porto do Adriático], os teutônicos, os húngaros [...]."[97]

Num estudo sugestivo, André Goddu traçou uma curva dos casos de exorcismo nas *Vitae* dos *Acta Sanctorum* e estabeleceu que essa curva definiria essencialmente a consideração quanto à eficácia ou ineficácia do exorcismo.[98] O ponto mais alto do século XIII corresponderia então a um momento de dificuldades quanto à confiança no exorcismo. Ora, os exorcismos realizados por São Francisco e Santo Antônio de Pádua são importantes.[99]

Tanto quanto introdutores de novos modelos, de modernidade, os Franciscanos insinuavam-se no curso de velhas tradições e de modelos provados.

---

[97]Cf. *Sancti Antonii de Padua Vitae due*, ed. L. Kerval, 1904.
[98]A. GODDU, "The Failure of Exorcism", *Miscellanea Mediaevalia*, 12/2: *Soziale Ordnungen im Selbstverstandnis des Mittelalters*, Berlim, 1980, pp. 540-557.
[99]DESBONNETS-VORREUX, *Saint François, op. cit.*, s.v. *Démon*, p. 1531.

CONCLUSÃO

Não tentarei dar uma resposta sintética à questão fundamental, à qual cada historiador do franciscanismo introduz elementos, antes de ouvir esta que nos propõe Raoul Manselli: em que os Franciscanos no século XIII mudaram a atitude da Igreja em relação aos leigos e mudaram o comportamento dos próprios leigos — nesse século em que, apesar das fumaças de milenarismo, a cristandade deixou de acreditar que o fim do mundo estava próximo e em que ela, a cristandade, se instala sobre a terra?

Contentar-me-ei com três observações.

Os Franciscanos foram os principais difusores da ideia de que ninguém se salva sozinho, que é toda a humanidade, toda a criação que deve se salvar ela própria. Com toda a certeza, o monge queria ser um modelo para o conjunto da sociedade e sua ascese tinha por finalidade não apenas sua salvação pessoal, mas a salvação do mundo por sua intercessão junto a Deus. O que fica, porém, é que o modelo monástico era o de uma penitência solitária. Os Mendicantes e especialmente os Menores pregaram pela palavra e pelo exemplo que toda a humanidade deve se salvar por uma conduta penitencial comunitária cujos modelos não estão no alto da hierarquia, mas embaixo, quer dizer, entre os humildes, os mais pobres, entre os leigos como entre os clérigos. Sem dúvida, não chegarão a abolir nem mesmo dentro de sua ordem a fronteira entre clérigos e leigos uma vez que os leigos dela serão rapidamente expulsos, mas deram um impulso fundamental à ideia de uma comunidade de destino voltado a abolir a diferença entre clérigos e leigos.

SÃO FRANCISCO DE ASSIS

Os Franciscanos afirmaram de modo contundente na doutrina e no comportamento a ambigüidade do mundo em que viviam. De um lado, um mundo criado por Deus que é preciso amar, fonte de alegria e de fraternidade total, mas também desnaturado pelo Diabo e pelo pecado, ao qual é preciso se opor, que é preciso recusar sem compromisso com aquilo que é fonte essencial de desigualdade e de inimizade: todas as formas de poder, quer se fundem sobre a propriedade, o dinheiro, a ciência, ou sobre o poder da condição, o nascimento ou a carne. É nessa tensão entre a aceitação alegre do mundo e a recusa à sua perversão que os homens devem buscar sua salvação, numa dialética da abertura e da reação. Trata-se, certamente, de um ideal do qual os Menores, desde o século XIII, não poucas vezes se afastaram. Um poeta toscano anônimo do meio do século disse deles:

> "Ninguém quer se ver pobre,
> da riqueza, todos quantos possam tê-la,
> todos a têm"

> *Povero nessun non voglion vedere,*
> *dei richi, tutti quanti ponno avere,*
> *tutti li anno.*[100]

Mas a expressão do ideal, a referência ao ideal permanece.[101]

---

[100]A. Stussi, "Un serventese contro i frati tra ricette mediche del secolo XIII", em *L'Italia dialettale*, 30 (1967), p. 148, citado por Miccoli, "La storia religiosa", art. citado, p. 797.
[101]Sobre os Mendicantes como difusores de ideias tradicionais e como pregadores da resignação sob a aparência da hostilidade aos ricos e à sociedade estabelecida, ver *ibid.*, pp. 798-799 e 803-806.

Por fim, os Franciscanos deram um modelo histórico concreto do homem novo, penitente dilacerado e finalmente crucificado: o próprio Francisco, única personagem, no cristianismo, a ter desempenhado, à imitação do modelo de Jesus e em seguimento a ele, esse papel na cristandade do Ocidente. Fonte não de um culto da personalidade — cuja natureza, sabemos, qualquer que seja o modelo, perverte profundamente —, mas encarnação individual do impulso comunitário, pobre mais pobre que todos, humilde mais humilhado do que todos, movimentando-se em todo o espaço da cristandade, das cidades superpovoadas às solidões da natureza, da Úmbria à Espanha e à Terra Santa.

Aqui, ainda uma vez, o historiador percebe quanto o franciscanismo está ancorado num mundo que se organiza em comunidades — é o grande momento das corporações, das fraternidades, das universidades — ao mesmo tempo que o sentido e a afirmação do indivíduo nele se desenvolvem. Poucos movimentos religiosos foram mais bem inseridos que o dos Menores — apesar de suas grandes dificuldades, suas contradições, suas derrotas —, na atualidade profunda de seu tempo, adaptando-se a uma sociedade nova no progresso como em suas rejeições, exprimindo em nível ideológico e espiritual a passagem do feudalismo para o capitalismo, ou antes, segundo a expressão de José Luis Romero, o desenvolvimento de um sistema feudal-burguês.

Mas também há poucos movimentos tão próprios para exprimir e para esclarecer qualquer momento da humanidade. Abrir-se e ao mesmo tempo resistir ao mundo é um modelo, um programa de ontem e de hoje, de amanhã sem dúvida.

E na época atual, em que nossos olhares, nossos esforços devem antes de tudo se voltar para os trágicos países do terceiro mundo e neles tomar como modelo os pequenos, os pobres,

SÃO FRANCISCO DE ASSIS

os oprimidos, permanece, apesar das derrotas, dos escorregões, das traições, a lição do franciscanismo em seu grande movimento no sentido dos leigos. Essa é ainda, enquanto a fome, a miséria, a opressão não forem vencidas, uma lição de plena atualidade.

BIBLIOGRAFIA

OBRAS DE SÃO FRANCISCO E ESTUDOS SOBRE SUAS OBRAS

V. Facchinetti e G. Cambell, *Gli scritti di san Francesco d'Assisi*, Milão, 1954, 1962(5).

G. Cambell, "Les écrits de saint François d'Assise devant la critique", *Franziskanische Studien*, 36 (1954).

A. Quaglia, *Origini e sviluppi della regola francescana*, Nápoles, 1928.

— *L'Originalità della regola francescana*, Sassoferrato [Itália], 1943.

L.F. Benedetto, *Il Cantico di frate Sole*, Florença, 1950.

G. Sabatelli, "Studi recenti sul Cantico di frate Sole", *Archivum franciscanum historicum*, 51 (1958).

P. Willibrord, *Le Message spirituel de saint François d'Assise dans ses écrits*, Blois [França], 1960.

FONTES BIOGRÁFICAS E ESTUDOS SOBRE AS FONTES

M. Bihl, *Sacrum Commercium S.F. cum domina Paupertate*, Quaracchi [comunidade franciscana], 1929.

E. Pistelli, *Le sacre nozze del beato Francesco con Madonna povertà*, Foligno [Itália], 1926.

B. Bughetti e R. Pratesi, *I fioretti di san Francesco*, Florença, 1958.

246 JACQUES LE GOFF

BIOGRAFIAS MODERNAS E ESTUDOS DE CONJUNTO

U. Cosmo, *Con Madonna povertà* (Studi francescani), Bari [Itália], 1940.

P. Cuthbert, *Life of St. Francis of Assisi*, Londres, 1912, 1921(2).

O. Englebert, *Vie de saint François d'Assise*, Paris, 1947, 1956(2).

V. Facchinetti, *San Francesco d'Assisi nella storia, nella leggenda, nell'arte*, Milão, 1926.

H. Felder, *Die Ideale des Hl. Franziskus von Assisi*, Paderborn [Alemanha], 1951 (nova edição).

— *Der Christuritter aus Assisi*, Zurique e Altstätten [Suíça], 1941.

Gratien de Paris, *Histoire de la fondation et de l'évolution de l'ordre des frères Mineurs au XIII siècle*, Paris e Gembloux [Bélgica], 1928.

J. Joergensen, *Den Hellige Franz af Assisi*, Copenhague, 1907.

M. Niccoli, "San Francesco d'Assisi", em *Enciclopedia italiana*, 1932.

P. Sabatier, *Vie de saint François d'Assise*, Paris, 1894, 1931.

— *Études inédites sur saint François d'Assise*, Paris, 1932.

L. SalvatorellI, *Vita di san Francesco d'Assisi*, Bari [Itália], 1926.

— "Movimento francescano e gioachimismo. La storiografia francescana contemporanea", *X Congresso internazionale di scienze storiche, Relazioni, III (Storia del Medioevo)*, Roma, 1955.

ENSAIOS

L. Celluci, *Le leggende francescane del sec. XIII nel loro aspetto artistico*, Modena [Itália], 1929, 1957(2).

E. Delaruelle, "L'influence de saint François d'Assise sur la piété populaire", *X Congresso internazionale di scienze storiche, Relazioni*, III *(Storia del Medioevo)*, Roma, 1955.

V. Facchinetti, *Iconografia francescana*, Milão, 1924.

H. Focillon, *Saint François d'Assise et la peinture italienne au XIII et au XIV siècle* (Moyen Âge: survivance et réveils), Montreal, 1945.

P. Francastel, L'art italien et le rôle personnel de saint François d'Assise", *Annales. E.S.C.*, 1956.

G. Kaftal, *St. Francis in Italian Painting*, Londres, 1950.

— *Iconography of the Saints in Tuscan Painting*, Florença, 1952.

F. D. Klingender, "St. Francis and the Birds of the Apocalypse", *Journal of the Warburg and Courtauld Institute*, XVI, 1953.

SÃO FRANCISCO DE ASSIS

G. D. LADNER, "Das älteste Bild des Hl. Franziskus von Assisi. Ein Beitrag zur mittelalterlichen Porträtikonographie", em *Mélanges Percy Ernst Schramm*, I, Wiesbaden [Alemanha], 1964.

M. MEISS, *Giotto and Assisi*, Nova York, 1960.

M. MEISS e L. TINTORI, *The Painting of the Life of St. Francis in Assise with Notes on the Arena Chapel*. Nova York, 1962.

R. OFFNER, "Note on an unknown St. Francis in the Louvre", *Gazette des beaux-arts*, fevereiro, 1962.

P. SABATIER, A. MASSERON, H. HAUVETTE, H. FOCILLON, E. GILSON, E. JORDAN, *L'influence de saint François d'Assise sur la civilisation italienne*, Paris, 1926.

H. THODE, *Franz von Assisi und die Anfänge der Kunst des Renaissance in Italien*, 1885, 1926(3).

PAISAGENS FRANCISCANAS

P. N. CAVANNA, *L'Umbria francescana illustrata*, Perúsia, 1910.

A. FORTINI, *Assisi nel Medio Evo*, Roma, 1940.

A. FRUGONI, "Subiaco francescano", *Bollettino dell'Istituto italiano per il Medio Evo*, 65 (1953).

J. JORGENSEN, *Pèlerinages franciscains*, Paris, 1912.

SÃO FRANCISCO E A HISTÓRIA RELIGIOSA DA IDADE MÉDIA

E. BUONAIUTI, *La prima Rinascita. Il profeta: Gioacchino da Fiore. Il missionario: Francesco di Assisi. Il cantore: Dante*, Milão, 1952.

M.-D. CHENU, "L'expérience des Spirituels au XIII siècle", *Lumière et vie*, 10 (1953).

E. BENZ, *Ecclesia Spiritualis. Kirchenidee und Geschichtstheologie der franziskanischen Reformation*, Stuttgart, 1934.

H. GRUNDMANN, *Religiöse Bewegungen im Mittelalter*, Berlin, 1961(2).

SUPLEMENTO BIBLIOGRÁFICO
Seleção de estudos aparecidos de 1967 a 1999

FONTES

François d'Assise. Écrits. Introduction, traduction et notes de Th. Desbonnets, J. F. Goddet, Th. Matura, Paris, Le Cerf/Éditions franciscaines, 1981.

Saint François d'Assise. Documents, écrits et premières biographies, rassemblés et présentés par Th. Desbonnets et d. Vorreux, Paris, Éditions
franciscaines [1968], 1981(2).

ESTUDOS

1968. A. Vauchez, "Les stigmates de saint François et leurs détracteurs
dans les derniers siècles du Moyen Âge", *Mélanges d'archéologie et
d'histoire,* publicadas pela École française de Rome, t. 80, pp. 595-625.

1981. R. Manselli, *Saint François d'Assise* (original italiano, 1980),
Paris, Éditions franciscaines.

1983. Th. Desbonnets, *De l'intuition à l'institution. Les franciscains,*
Paris, Éditions franciscaines.

1983. *Francesco d'Assisi nella storia,* vol. I, Convegno di studi, sec.
XIII-XV, Roma, Istituto storico dei Cappucini.

1983. D. Flood, *Frère François et le mouvement franciscain,* Paris,
Éditions ouvrières.

250 JACQUES LE GOFF

1984. A. Bartolilangeli, "Le radici culturali della popularità francescana", em *Il francescanesimo e il teatro medievale* (colóquio de San Miniato, 1982), Castelfiorentino (Biblioteca della Miscellanea storica della Valdera, 6), pp. 41-58.

1988. Ch. Frugoni, *Francesco, un'altra storia*, Gênova, Marietti.

1991. G. Miccoli, *Francesco d'Assisi. Realtà e memoria di un'esperienza cristiana*, Turim, Einaudi.

1991. G. G. Merlo, *Tra eremo e città. Studi su Francesco d'Assisi e sul francescanesimo*, Assis (Saggi, 2).

1991. G. G. Merlo, "La storiografia francescana da dopoguerra a oggi", *Studi storici*, pp. 287-307.

1993. Ch. Frugoni, *Francesco e l'invenzione delle stimmate. Una storia per immagini e parole fino a Giotto ed a Bonaventura*, Turim, Einaudi.

1994. W. Schenkluhn, *San Francesco in Assisi. Ecclesia specialis*, Milão.

1994. H. Feld, *Franziskus von Assisi und seine Bewegung*, Darmstadt [Alemanha], Wiss. Buchges.

1996. S. Dalarun, *La malavventura di Francesco d'Assisi. Per un uso storico delle leggende francescane*, Milão (Fonti e ricerche, 10).

1996. Th. Matura, *François d'Assise, "auteur spirituel"*, Paris, Éd. du Cerf.

1997. J. Dalarun, *François d'Assise, un passage. Femme et féminité dans les écrits et les légendes franciscaines*, Arles [França] (original italiano), 1994).

1997. F. Accrocca, *Francesco e le sue immagini. Momenti della evoluzione della coscienza storica dei frati minori (sec. XIII-XVI)*, Pádua [Itália], Centro di studi antoniani, 27.

1997. *Francesco d'Assisi e il primo secolo di storia francescana*, Turim (Biblioteca Einaudi, 1).

1997. Ch. Frugoni, *Saint François d'Assise. La Vie d'un homme*, tradução do italiano, Paris, Noësis, 1997, Hachette Littératures, "Pluriel", 1992(2).

1998. G. Bessière e H. Vulliez, *Frère François . Le saint d'Assise*, Paris, Gallimard, "Découvertes".

1998. T. Buongiorno, Ch. Frugoni, *Storia di Francesco. Il santo che sapeva ridere*, Roma e Bari [Itália], Laterza.

1999. J. Dalarun, *François d'Assise ou le pouvoir en question. Principes et modalités du gouvernement dans l'ordre des Frères mineurs*, Paris e Bruxelas, DeBoeck Université.

MÚSICA

O. MESSIAEN, *Saint François d'Assise: scènes franciscaines*, ópera criada em Paris em 1983.

CINEMA

R. ROSSELLINI, *Onze Fioretti de Francesco d'Assisi*, filme italiano, 1950.

CD

François d'Assise, por Jacques Le Goff, Paris, Gallimard, 1998.

Este livro foi composto na tipografia
Classical Garamond BT, em corpo 10,5/15, e impresso
em papel off-white no Sistema Digital Instant Duplex
da Divisão Gráfica da Distribuidora Record.